ख़यालों के क़ाफ़िले - 1

सादर

ज्ञान, बुद्धि, विवेक-दायिनी
माँ सरस्वती के चरणों में

उन तमाम
व्यक्तियों, व्यक्तित्वों,
अनुभवों, अनुभूतियों, घटनाओं
एवं प्रेरक–प्रसंगों के नाम
जिन्होने हमें अपने भाव
लिपिबद्ध करने की प्रेरणा दी

प्राक्कथन

पिछली लगभग डेढ़ दो सदियों से भारत के पद्य साहित्य में ग़ज़लों का अपना अलग ही स्थान रहा है। अन्य विधाओं की तुलना में ग़ज़ल लेखन शैली काफ़ी नयी है। यह मुग़लों के शासन काल में शुरू हुई, और मुश्किल से 500 -550 साल ही पुरानी है, किन्तु चूँकि इसमें बहुत ही कम शब्दों में और केवल दो वाक्यों में अपने विषय या मँतव्य को श्रोताओं के समक्ष रख देने की छूट है, एक ही रचना के दो-दो वाक्यों के सेट्स में अलग अलग विषयों की प्रस्तुति की भी आज़ादी है, इसकी लोकप्रियता अन्य विधाओं की अपेक्षा तेज़ी से फैली।

बदलते समय के साथ साथ फ़ारसीयुक्त उर्दू के साथ ही बोलचाल में प्रयुक्त सरल हिंदी के उपयोग की छूट और जीवन से जुड़े हर विषय को समाहित करने की परम्परा ने भी इस विधा को साहित्यकारों की महफ़िलों से शराबख़ानों, और शराबख़ानों से प्रेमियों के दिलों तक पहुँच दिया॥ उर्दू साहित्य के मीर हो कि ग़ालिब, ज़फ़र हो या मजाज़; हिंदी की बात करें तो दुष्यँत कुमार से नीरज जी तक और आज तक भी - हज़ारों शायर ग़जल के फूलों की ख़ुशबू काव्यप्रेमियों के ज़ेहन में बिखेरते ही आ रहे हैं। हिंदी की प्चुरता वाली ग़ज़लों को दिवंगत नीरजजी ने नया नाम दिया है – गीतिका। ऐसे ही ग़जल की सारी मान्यताओं पर फ़िट बैठते हुए भी यदि किसी ग़ज़ल के सारे स्वतंत्र शेर (बहुवचन अशआर) एक ही मौज़ू या विषय के इर्दगिर्द घूमें तो कुछ लोग उन्हे ग़जलनुमा भी कहते हैं।

भले ही क्लासिकल ग़ज़ल राइटिंग के अपने क़ायदे हैं, फिर भी साहित्यिकता से जुड़े कई एक नियमों के बावजूद, ये माना जाता है, कि अगर किसी कविहृदय व्यक्ति के पास ठीक-ठाक भाषा ज्ञान हो, दमदार विचार हो, उन्हे सुचारू रूप से उदाहरणों के ज़रिए सुनने वाले तक पहुँचाने का हुनर हो, साथ ही बहर/मीटर से जुड़ी बारीकियों की समझ हो, और लयबंदी की औपचारिकताओं जैसे रदीफ़, काफ़िया, मतला, मख़्ता आदि के बारे में भी पता हो, स्वभाव में थोड़ी दार्शनिकता, थोड़ी रूमानियत, थोड़ा सा प्रकृति प्रेम एवं मानवीय सँवेदनाएँ हो, तो ग़ज़ल-लेखन उतना मुश्किल भी नहीं है। ग़ज़लों के बारे में, सँक्षेप में कहें तो - सबसे जरूरी है, हर शेर (दो लाइनों का एक सेट) के अंतिम शब्द या शब्द समूह (रदीफ़) को बनाए रखने और रदीफ़ से पहले आने वाले शब्द (काफ़िया) द्वारा सही प्रवाह या लयबँदी पर पकड़ बनाए रखने का गुर! हालाँकि ग़जल का एक असाधारण प्रकार **ग़ैर मुरद्दफ़** वह भी है, जिसमें अँतिम शब्द ही में रदीफ़ व काफ़िया दोनों अन्तर्निहित होते हैं। यह आसान तो है, किंतु चुनौती भरा भी।

ग़ज़लों को चूँकि आसानी से शास्त्रीय रागों में ढालकर गाया भी जा सकता है, पिछले चार पाँच दशकों में कई एक मँझे हुए ग़ज़ल गायकों ने - चाहे वो जगजीत चित्रा सिंह हो, पँकज उदास हो, ग़ुलाम अली हो या राजेन्द्र व नीना मेहता की जोड़ी हो- बहुतों ने प्लेबैक सिंगर्स जितनी ही ख्याति बटोरी है। यही वे सब कारण हैं, कि ग़ज़लों को हर पीढ़ी सदाबहार मानती है - हर कवि, हर शायर इस विधा में हुनर आज़माता है। और तो और, गुजराती एवं मराठी जैसी ठेठ भारतीय भाषाओं में भी मरीज़, बेफ़ाम, सुरेश नाडकर्णी जैसे रचनाकारों ने कम कमाल नहीं किए हैं।

सो, सँक्षेप में कहें तो आज के दौर के हर हिंदी या उर्दू साहित्यप्रेमी का शौक़ भी अच्छी ग़ज़लों की पसँद के, उनके पठन व श्रवण आनन्द के बिना अधूरा सा है।

"ख़यालों के क़ाफ़िले - 1" में प्रस्तुत रचनाएं, जो कि एक छोटा सा प्रयास है, ग़ज़लों, गीतिकाओं एवं विविध विषयों से जुड़ी ग़ज़लनुमा रचनाओं के माध्यम से कुछ कहने का, या यूं कहिए कि जीवन के अनुभवों, अपने उन विचारों को समेट कर आपके समक्ष रखने का - जो मैंने स्वयं या अपने जैसे चरित्रों में देखे, उनके बारे में सुना, जाना अथवा अनुभव किया।

साहित्य के नवरसों की तरह मनुष्य जीवन को प्रभावित करती कई एक अनुभूतियों की झलक तथा साथ ही ग़ज़लो के शब्दों में स्वतः बज उठतें कुछ वाद्य यँत्रों की हल्की सी झंकार भी शायद इस संकलन में शायद कहीं-कहीं देखने को मिल जाय! ग़ज़लों व गीतिकाओं की आवश्यकता के हिसाब से भाषा कुछ प्रसंगों में हिन्दी है, कहीं बोलचाल की हिन्दुस्तानी, या फिर कहीं उर्दू शब्दों से सराबोर, जिनका प्रयोग चयन के आधार पर नहीं बल्कि प्राकृतिक प्रवाह बनाए रखने के लिए हुआ है । कुछेक रचनाओं में विषय की ज़रूरत के मद्देनज़र अंग्रेजी शब्दों का प्रयोग भी - जहां जहां ज़रूरी लगा, सरलता का पूरा पूरा ध्यान रखते हुए किया गया है। एक ही विषय पर केंद्रित लेकिन ग़ज़ल लेखन के दायरे में बँधी दो सिरीज़, **बात** पर सात और **क़ानून** पर बारह ग़ज़लों का समूह मेरे सँकलन की अपनी खासियत है, जो शायद अपने तरह का पहला एक्सपेरिमेंट है, ग़ौर फ़रमाएँ।

पेश है मेरी रचनाओं का छोटा सा गुलदस्ता, आशा है कुछ ग़ज़लों के शेरों में आपको महक मिलेगी, कुछ में रँग तो कुछ में दोनों ही।

इस संकलन में आई सभी रचनाओं के शुरुआती दौर से लेकर अब तक जितने मित्र-बांधवों ने समय समय पर हमें सहयोग दिया, हमारा मनोबल बढाया, उन सबका हृदय से धन्यवाद, तहेदिल से शुक्रिया!

विजय सिंह चौहान 'अब्र'

स्वीकारोक्ति

ग्लानि

करके वादा किसी से जब मुकर गया हूं मैं
किससे बतलाऊं कि जीते जी मर गया हूं मैं

बेवजह लोगों की तौहीन भी की है जब तब
और फिर अपनी ही नज़रों में गिर गया हूं मैं

आइना लेके मिला है ज़मीर जब भी कभी
अपनी ही शक्ल से हैरत है डर गया हूं मैं

NOTES:

ग़ज़लें, गीतिकाएँ व ग़ज़लनुमा रचनाएं

ग़ज़लों का क्रम और शुरुआती अल्फ़ाज़	पृष्ठ सँख्या
1. एक कोशिश - ग़ज़ल-सराई पर लिखने की	11 – 11
2. काफ़िले यायावर ख़यालों के	12 – 12
3. कितनी आंखों ने घटाओं	13 – 13
4. सुकूं से दश्त में हूं	14 – 14
5. आइनों का ही कारोबार रहा	15 – 15
6. जितना कम साथ में सामान	16 – 16
7. मिट्टी हूं अभी कूजागर	17 – 17
8. तंगहाली है क्या किया जाए	18 – 18
9. ज़ेहन में तेरा ख़याल	19 – 19
10. लोगों पर इल्ज़ाम न डालो	20 – 20
11. फिर मुझे उम्रदराज़ी की दुआ	21 – 21
12. दिखा कर आइना	22 – 22
13. हर जुर्म करीने से	23 – 23
14. फ़र्क इन्सान का इन्सां से	24 – 24
15. अपनी रफ़्तार को जिसने	25 – 25
16. सबकी बातों पे यक़ीं	26 – 26
17. मेरे अन्दर भी तू है	27 – 27
18. सोच बदले ये हमारी	28 – 28
19. आसमानों की तरफ़	29 – 29
20. गगरियां फूटती रहीं	30 – 30
21. मैं हादसों से यूं तो	31 – 31
22. रंग गिरगिट की तरह ज़िन्दगी	32 – 32
23. कुछ मेरी ढंग की उड़ान रही	33 – 33
24. यूं सफ़र उम्र का कटा यारब	34 – 34
25. जो नज़र आए न उसको	35 – 35
26. रोटियों पर बवाल है अब भी	36 – 36
27. दिल में तेरा ख़याल है अब भी	36 – 36
28. गुरूर दौलतो-ताक़त का था	37 – 37

29. हर कोई वाक़या आंखें भिगो	38 – 38	
30. वक़्त की किसने नज़ाकत समझी	39 – 39	
31. क्लासेस खुली हैं हर सू	40 – 40	
32. गूंगे बहरों की सभाओं में	41 – 41	
33. ढंग से छोटा सा घर तक	42 – 42	
34. काम करना ढंग से	43 – 43	
35. ज़ेहन से छंट सके थे कब कोहरे	44 – 44	
36. मैं कि ख़्वाबों में जी नहीं सकता	45 – 45	
37. कितनी शोहरत तुझे अखबार	46 – 47	
38. ये दिक्कते-नाबीना	48 – 48	
39. पीर वैसे तो कम नहीं होती	49 – 49	
40. मोल हर इक को ज़हानत	50 – 50	
41. कौन खाता है कब किसी का दिया	51 – 51	
42. हां में हां जब भी मिलाई	52 – 52	
43. बस शायरी से उन्स है	53 – 53	
44. मेरी पीढ़ी पे सितम	54 – 54	
45. अपने कांधे पे ख़ुद सलीब अपनी	55 – 55	
46. कोई मुझमें है जो हर एक बाज़ी	56 – 56	
47. मोह माया में मैं पड़ा भी रहा	57 – 57	
48. लुत्फ़ जी भर के लीजिए साहब	58 – 58	
49. पाना जो चाहता है दुखों से निजात	59 – 59	
50. साँकलों में किसी को क्यूं बांधें	60 – 60	
51. ख़्वाहिश है चाहतों की	61 – 61	
52. घात दरिया पे हुआ, बात भंवर तक पहुंची	62 – 62	
53. **ग़ज़लनुमा** - जिस्म हम सबके भी माटी	63 – 63	
54. मकड़ी भी नहीं फँसती	64 – 64	
55. आए थे जहाँ में क्या करने	65 – 65	
56. हर ज़रूरत को मैं घटाता हूं	66 – 66	
57. जुर्म करता रहा मुकरता रहा	67 – 67	
58. **ग़ज़लनुमा** - टीचर का दर्द	68 – 68	
59. उम्र भर चलता है जंगों का	69 – 69	
60. कभी अंधा कुँआ तन्हाई का	70 – 70	

61. अब्र हर बूंद को तरसता रहा	71 – 71
62. वक्त शातिर है बहुत जाल से इसके तू निकल	72 – 72
63. अकड़ में जो अपनी समंदर न होते	73 – 74
64. मिली हवाओं में उड़ने की ये सज़ा ऐ दोस्त	75 – 75
65. फ़ैसले अब न टलेंगे मित्रों	76 – 76
66. तीर तो है, कमां नहीं है क्या	77 – 78

ग़ज़लनुमा (बात)

67. पंख खोले थे जहां, बस वहीं की बातें कर	79 – 79
68. तू बात बात पे बेचारगी की बात न कर	80 – 81
69. दवा तो चल ही रही है, दुआ की बात भी कर	82 – 82
70. पेड़ पौधों की नदी परबतों की बातें सुन	83 – 83
71. नींद ना आने की क्या है वजह ये बात समझ	84 – 84
72. बात छोटी बड़ी नहीं होती	85 – 85
73. न गुफ़्तगू न ख़िताबत, ये कोई बात हुई	86 – 86
74. गो आइने सा पुंछके मैं निखरा भी नहीं हूं	87 – 87
75. कभी अहमक़ों के, तो कभी फ़ितनागरों के हाथ	88 – 88
76. ग़ज़लनुमा - सिपाही सोंधी मिट्टी से हम	89 – 89
77. ख़ौफ़ क्यूं आइने से खाती है	90 – 90
78 ग़ज़लनुमा – कोविड, एक सन्नाटा हर सू	91 – 91
79. ग़ज़लनुमा – कोविड, हर काम ख़ुद ही करने में	92 – 92
80. मसरूफ़ियात, हादसे, मायूसियों का बोझ	93 – 93
81. अंदरूनी दरारें पहले सब भरी जाएं	94 – 94
82. लुत्फ़ किसको मिला अकेले में	95 – 95
83. शर्म क्या मानने में काम हर इक	96 – 96
84. कहीं चढ़ाईयाँ आईं कहीं ऊबड़-खाबड़	97 – 97

ग़ज़लनुमा (न्याय सिरीज़ – 12)

	98 – 98
85. क्या ग़लत क्या सही पे जब कभी छिड़ी है *बहस*	99 – 99
86. ज़ुल्म का राज मिटाने को बने हैं *क़ानून*	100 – 100
87. गिरतों को उठाने को बनी हैं *अदालतें*	101 – 101
88. इंसाफ़ सभी को जहां मिले वह *न्यायालय*	102 – 102
89. हथियार दिलेरी को बनाकर खड़ा **गवाह**	103 – 103

90. हर किसी के लिए इंसाफ़ जो मांगे वो **वकील**	104 – 105
91. किसी मज़लूम की कुचली हुई कराह **सबूत**	106 – 106
92. इसको पहचानिए सरकार ये *मुवक्किल* है	107 – 107
93. वो वकीलों से परेशान, *मुवक्किल* है जनाब	108 – 108
94. अच्छे भले ब्यौपार बिगाड़े ये *मुक़दमे*	109 – 109
95. क़ानून की सरहद का पासबान है *मुंसिफ़*	110 – 110
96. जायज़ हुक़ूक़ सबके दिला पाए वो *इंसाफ़*	111 – 111
97. **ग़ज़लनुमा -** बुज़ुर्गों के लिए	112 – 112
98. **ग़ज़लनुमा –** नींद से जागने की कोशिश कर	113 – 114
99. ज़िंदगी मस'अलों में उलझी है, जैसे कोई पतंग	115 – 115
100. **ग़ज़लनुमा -** निन्यानबे के फेर में	116 – 116
101. उम्र भर एक से हालात की उम्मीद न रख	117 – 117
102. सुख कभी साथ न छोड़ेगा, ग़लतफ़हमी है	118 – 118
103. फ़ाहशाओं की निगाहों पे भरोसा मत कर	119 – 119
104. **ग़ज़लनुमा -** हम भारतीय	120 – 120
105. कह दिया खीझ के कुछ मैंने	121 – 121
106. फिर से बीमार ये ज़मीर मेरा	122 – 122
107. राह उजली लग रही	123 – 123
108. कोई भाता नहीं है और अब खलता नहीं कोई	124 – 124
109. धोखे ही रहनुमाओं से बस खाते रहे हम	125 – 125
110. किस्सा है इक ख़ता का अपनी भी कहानी में	126 – 126
111. शौक़ ज़िंदा हैं ख़्वाहिशें ज़िंदा	127 – 127
112. सोच से बरतरी की बाहर आ	128 – 128
113. कभी भी साफ़ पानी में कमल ज्यों खिल नहीं	129 – 129
114. यादें कभी तो सैंकड़ों हिस्सों में बँट गयी	130 – 130
115. कैसा लगता हूँ मैं तुझसे कोई पूछे जो अगर	131 – 131
116. ख़ुद जल के उजाले हमें देते हैं ये हर बार	132 – 132

एक कोशिश

ग़ज़ल-सराई के मूल नियमों पर रौशनी डालने की

ग़ज़ल नहीं है फ़कत हुर्फ़ो-हाशियों का सफ़र
चन्द लफ़्ज़ों में है ये फ़लसफ़ा कहने का हुनर

दोनों मिसरे चलें मतले में मियां एक डगर
जबकि शेरों में हो बस दूसरे मिसरे पे नज़र

सारे अशआर समेटे हों, इक जुदा मौजू
वे भी ऐसे ज्यूं हर सदफ़ में मुख़्तलिफ़ हों गुहर

रहे रदीफ़ पे क़ाबू औ' क़ाफ़ियों की ख़बर
रहे ख़याल, न कोई ख़याल जाए बिखर

पूरी आज़ादी हैं रख लें बड़ी या छोटी बहर
बहाव यूं हो मगर, ज्यूं चले पानी की लहर

गुफ़्तगू आशिको-माशूक की है जाने-ग़ज़ल
चंद अशआरे-रोमानी से, ग़ज़ल जाती संवर

मासिवा मतला शेर पांच से ज़्यादा ही रहें
हो जो मख़्ते में 'तख़ल्लुस' तो दिखे ख़ास असर

बात दो मिसरों में मंज़िल पे पहुंचती है यहां
'अब्र' यह फ़न नहीं है तुक्कड़ो की राहगुज़र

----

1. ग़ज़ल

नींद कच्ची मेरी उड़ाते हैं, क़ाफ़िले यायावर[1] ख़यालों के
और फिर रात भर जगाते हैं, क़ाफ़िले यायावर ख़यालों के

जब भी चाहूं कि ज़रा सुस्ता लूं, उनकी यादों की हसीं वादी में
खींच सहरा[2] में लिये जाते हैं, क़ाफ़िले यायावर ख़यालों के

ख़्वाब ऐसे कि जिनकी ताबीरें[3], हैं मेरी पहुंच के बहुत बाहिर
जाने आंखों में क्यूं सजाते हैं, क़ाफ़िले यायावर ख़यालों के

जब मैं ख़ुदगर्ज़ मतलबी कहकर, लानतें भेजता हूं लोगों पर
आइना मुझको ही दिखाते हैं, क़ाफ़िले यायावर ख़यालों के

'अब्र' वो दौर जिसमें हर इन्सां, है परेशां भी और तन्हा भी
मुझको मेरे क़रीब लाते हैं, क़ाफ़िले **यायावर** ख़यालों के

....

1. यायावर =ख़ानाबदोश या बंजारे;
2. सहरा = रेगिस्तान; 3. ताबीर = स्वप्न दर्शन

2. ग़ज़ल

कितनी आंखों ने घटाओं का भरम तोड़ दिया
ख़ाली पेटों ने ख़लाओं[1] का भरम तोड़ दिया

ज़ब्त[2] ने तोड़ा भरम कितने ही वीरानों का
तेज़ सांसों ने हवाओं का भरम तोड़ दिया

जिस्म का तोड़ कफ़स[3] रूह चली यह कहकर,
``मैंने ज़िन्दां[4] की सलाखों का भरम तोड़ दिया"

नूर इन्सानियत का जिसकी जबीं[5] पर चमका
उसने सूरज की शुआओं[6] का भरम तोड़ दिया

बीच तूफ़ान के बेखौफ़ रक़्स[7] करती हुई
एक कश्ती ने किनारों का भरम तोड़ दिया

बाद मयनोशी के ईमान ख़ुदा पर लाकर
हमने दुनियाई किताबों का भरम तोड़ दिया

....

1. शून्य, 2. संयम, 3. पिंजरा, 4. जेल, 5. माथा, 6. किरणें, 7. नृत्य

3. ग़ज़ल

सुकूं से दश्त[1] में हूं घर मेरी तलाश में है
लगे है फिर कोई महशर[2] मेरी तलाश में है

क्या कहूं जबसे किया है गुरेज़[3] सहबा[4] से
सुराही साक़ी ओ सागर मेरी तलाश में है

किसी की राह में कांटे मैं बिछा आया था
किसी के हाथ का ख़ंजर मेरी तलाश में है

विसाले-यार की उम्मीद ने दिल तोड़ दिया
ख़याले-यार ये क्यूं कर मेरी तलाश में है

इसी ख़ता पे कि हूं सुबह का तमन्नाई
सियाह रात का पैकर[5] मेरी तलाश में है

फ़र्श पर नींद मुझे आने लगी है जबसे
रेशमी रूई का बिस्तर मेरी तलाश में है

अब्र जिस रोज़ से आवारगी रास आई है
हसीं बहार का मंज़र मेरी तलाश में है

....

1. जंगल, 2. हंगामा, 3. किनारा करना, 4. शराब, 5. शरीर

4. ग़ज़ल

आइनों का ही कारोबार रहा
पत्थरों ही से सरोकार रहा।

जिसने जितने सितम ज़्यादा किए
उतना दिल उससे आशकार रहा

अपने गम कैसे भूल पाता मैं
साथ हरदम वो ग़मगुसार रहा

उसने हक़ में मेरे ख़ुशियां मांगी
मुझको लेकर वो सोगवार रहा

सर पे कितनों के ख़ुदा बनने का
भूत हर दौर में सवार रहा

फूल तो सिर्फ़ तसव्वुर में रहे
और पहलू में वही ख़ार रहा

कारवां कब का बढ़ गया आगे
'अब्र' के साथ बस ग़ुबार रहा

....

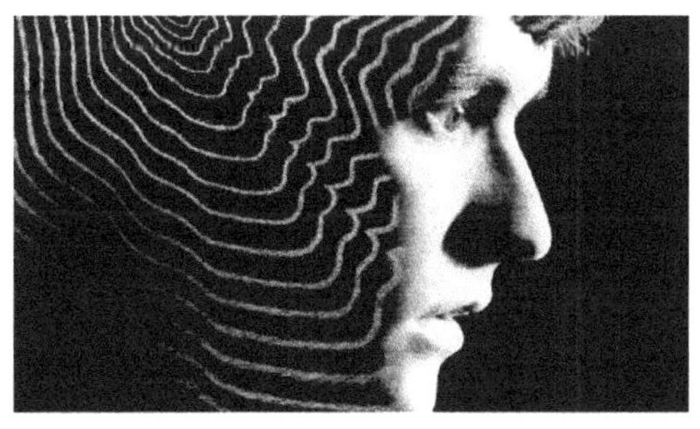

5. ग़ज़ल

जितना कम साथ में सामान रहेगा प्यारे
हर सफ़र उतना ही आसान रहेगा प्यारे

पास[1] रक्खेगा तू अपने ज़मीर का जब तक
तुझपे अल्लाह मेहरबान रहेगा प्यारे

बेज़ुबानों की ज़ुबां बन सका अगरचे तू
तेरा तारीख़[2] पर अहसान रहेगा प्यारे

तेरी आंखों में मुहब्बत का नशा है जब तक
मेरी सांसों में भी तूफ़ान रहेगा प्यारे

कब तलक जोड़ने सामान सब दिखावे का
अपने से अपनों से अंजान रहेगा प्यारे

अपनी सब ख्वाहिशें गिन गिन के तू पूरी कर ले
फिर भी बाक़ी कोई अरमान रहेगा प्यारे

हक़ में इन्सानियत के 'अब्र' जो करेगा तू
वो ही सदियों तेरी पहचान रहेगा प्यारे

....
1. सम्मान, 2. इतिहास

6. ग़ज़ल

मिट्टी हूं अभी, कूज़ागर[1] की हूं तलाश में
चिट्ठी हूं किसी नामाबर[2] की हूं तलाश में

मंज़िल के रास्तों से मैं वाक़िफ़ हूं ज़रा कम
तब ही तो किसी हमसफ़र की हूं तलाश में

मुस्कान में तब्दील[3] करे आंसुओं को जो
इक ऐसे तिलिस्मी हुनर की हूं तलाश में

प्यारी हैं मुझे सांवली रातें मगर फ़िलहाल
जो रूठ गई उस सहर[4] की हूं तलाश में

सदियों से ख़ुद को ढूंढता हूं अपनी ज़ात में
अपनी गली में अपने घर की हूं तलाश में

हर आंकड़े का जिसका परस मोल बढ़ा दे
हां! ख़ुद में उसी इक सिफ़र की हूं तलाश में

ओ घर में मेरे अपनी जगह ढूंढने वाले
मैं दिल में तेरे इक शहर की हूं तलाश में

नर्गिस का फूल हूं कि नहीं मुझको क्या ख़बर
लेकिन मैं किसी दीदावर[5] की हूं तलाश में+

....

1 कुम्हार, 2 पत्रवाहकपोस्टमैन/, 3 परिवर्तित, 4 सवेरा, 5 आंख रखने वालासमझदार/
+ आख़िरी शेर एक मशहूर शेर: "हज़ारों साल नर्गिस अपनी बेनूरी पे रोती है, बड़ी मुश्किल से होता है चमन में दीदावर पैदा" पर आधारित है।

7. ग़ज़ल

तंगहाली है क्या किया जाए, जेब ख़ाली है क्या किया जाए
मुझको चिढ़ है फ़िज़ूलख़र्ची से, पर दिवाली है क्या किया जाए।

रोटी कपड़ा मकान सबको मिले, ख़्वाम-ख़्याली सही चलो लेकिन
लाशें इन फ़ाकाकश किसानों की, इक सवाली है क्या किया जाए

कितनी तस्वीरें हैं जिनमें मैंने, बारहा चाहा हसीं रंग भरूं
तजरुबों की दवात में यारों, स्याही काली है क्या किया जाए

वैसे तो कितनी बार तंग आकर, चाहा इससे किनारा कर लूं मगर
बेवफ़ा ज़िन्दगी की शक्ल बहुत, भोली भाली है क्या किया जाए

ग़ज़ल

ज़ेहन में तेरा ख़याल आते ही, वक़्त पीछे को चलने लगता है
और दिल की ख़मोश वादी में, गुंचा यादों का खिलने लगता है

रात रानी की शाल ओढ़ाकर, तू मुझे कल में लिए चलता है
ख़ुशबुओं का अजीब सा जादू, मेरी सांसों में घुलने लगता है

ज़िक्र छिड़ता है किसी महफ़िल में, तेरा भूले से तो फिर इस दिल में
ख़्वाब अंगड़ाई लेने लगते हैं, शौक़ करवट बदलने लगता है

कोई सूरत नज़र जो आती है, तेरे दीदार कभी ऐ दोस्त!
मेरा हर क़ौल हर अहद मेरा, बर्फ़ की तरह गलने लगता है

बीच मतलब-परस्त दुनिया के, ख़ुद को तन्हा उदास पाते ही
अपने माज़ी का थाम कर दामन, दिल ये अक़्सर संभलने लगता है

9. ग़ज़ल

लोगों पर इल्ज़ाम न डालो
अपने घर को आप संभालो

सदियों सहते आए अंधेरा
अब तो इक कंदील जला लो

दुःखों से परहेज़ रखो पर
दुखियों को तुम गले लगा लो

थकना रूकना राग पुराना
चलने की तरकीब निकालो

खुली हथेली फैला अपनी
टोपी यूं मत आप उछालो

सुख के साधन बहुत जुटाए
ख़ुश रहने का वक़्त निकालो

पत्थर के भगवान बनाए
ख़ुद को भी इन्सान बना लो

....

10. ग़ज़ल

फिर मुझे उम्रदराज़ी की दुआ दे दी है
किसने बुझते हुए शोले को हवा दे दी है

मसनवी[1] रंग रचेगा न तेरे हाथों पर
ये मेरा ख़ून है मैंने ये हिना दे दी है

जिसने तक़दीर का हर एक सितम झेला है
उसने हर आस को ख़ामोश चिता दे दी है

बद्दुआ देता है बीमार तुझे चारागर
क्यूं तेरे हाथों में क़ुदरत ने शिफ़ा[2] दे दी है

'अब्र' मरने का तलबगार है मर जाने दो
कौन दुश्मन है इसे किसने दवा दे दी है

....

1 कृत्रिम 2 रोग निवारण का गुण

11. ग़ज़ल

दिखा कर आइना करता है पशेमान ये वक़्त
घर में मेरे मुझे करता है परेशान ये वक़्त

कीमती तोहफ़ों की हल्की सी झलक पाते ही
हां डिगा देता है अक्सर मेरा ईमान ये वक़्त

सबको उलझाए रखे है ये इक कशाकश में
मुश्किलें किसकी है करता भला आसान ये वक़्त

पहले कहता है कि साधन समेट लो सुख के
फिर मिटा जाता है सब ख़ुशियों के अरमान ये वक़्त

यूं तो हर रोज़ मिलाता है कई लोगों से
बस कराता नहीं ख़ुद से मेरी पहचान ये वक़्त

जिस किसी को भी बना देता है पारस पत्थर
क्या बना पाता है फिर से उन्हें इन्सान ये वक़्त ?

मखमली पैरहन[1] के सब्ज़-बाग़ दिखला कर
कितने चेहरों की मिटा जाता है मुस्कान ये वक़्त

....

1. पोशाक

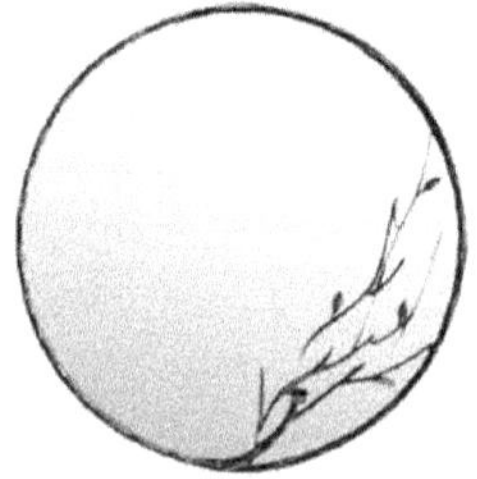

12. ग़ज़ल

हर जुर्म करीने से छुपाता रहा हूं मैं
बस आइनों से बचता बचाता रहा हूं मैं

हिन्दू कभी बनकर तो कभी हो के मुसलमां
पहचान ख़ुद अपनी ही मिटाता रहा हूं मैं

पूजाओं नमाज़ों के लिए घेर के सड़कें
अपनी ही मुश्किलों को बढ़ाता रहा हूं मैं

मज़हब की सेहत ठीक से रह पाए इसलिए
आदम का लहू उसको पिलाता रहा हूं मैं

ख़ालिस इबादतों से हुआ जब न फ़ायदा
तोहमत तो ख़ुदा पर भी लगाता रहा हूं मैं

तहज़ीब का बतला के कभी ख़ुद को मुहाफ़िज़[1]
इन्सानियत पे दाग़ लगाता रहा हूं मैं

मर्ज़ी से कहां मैने चुना है कोई मज़हब
पुरखों से मिला बोझ उठाता रहा हूं मैं

....

1. संरक्षक

14. ग़ज़ल

फ़र्क इन्सान का इन्सां से मिटा कर देखें
क्यूं न कुछ रोज़ ख़ुदाओं को भुला कर देखें

ज़र्फ को अपने परखने के लिए कश्ती को
दौरे-तूफां कभी मंझधार ले जाकर देखें

वस्ल की राह यहीं से कोई निकले शायद
फ़ासले उनसे ज़रा और बढ़ाकर देखें

किसको कहते हैं शराफ़त ये समझने के लिए
फल लगे पेड़ की टहनी को हिलाकर देखें

पाल कर बैर मेरे भाई बहुत दिन देखा
क्यूं न इक बार ज़रा हाथ मिला कर देखें

ख़ुशबुएं फिर से चहलक़दमी करेंगी हर सू
बीच आंगन खड़ी दीवार गिरा कर देखें

नूर आंखों का हक़ीकत में छलावा है कि सच
रात के वक़्त ज़रा दीप बुझाकर देखें

कितना सामान ज़रूरी है सुखी रहने को
`अब्र` बंजारों के खेमों में ये जाकर देखें

15. ग़ज़ल

अपनी रफ़्तार को जिसने ज़रा सा तुन्द[1] किया
उसने हर जीत को समझो कि रज़ामन्द किया

क्या कभी डर से किसी ख़ौफ़नाक मंज़र के
सोई आंखों ने ख़्वाब देखना भी बन्द किया

बर्फ़ ने धूप में गलने से कहां घबरा कर
चोटियां छोड़ गुफ़ाओं का घर पसन्द किया

बहते रहने में है सूखने का है ख़तरा हर पल
कब ऐसी फ़िक्र में बहना नदी ने बन्द किया

उम्र सांसों की भले वक़्त की मुट्ठी में रही
किसकी अज़मत[2] को भला मौत ने पाबन्द[3] किया

हौसले पस्त किए जिस हवा ने पंछी के
उसी ने बाद में परवाज़ को बुलन्द किया

....

1. तुंद = तेज़; 2. अज़मत = बड़प्पन; 3. पाबंद = क़ैद

16. ग़ज़ल

सबकी बातों पे यक़ीं लाऊं मेरे बस में नहीं
जाके दर दर पे सर झुकाऊं मेरे बस में नहीं

हूं अंधेरों से परेशां मैं जनम ही से मगर
गुण उजालों के सदा गाऊं मेरे बस में नहीं

चोट खाकर न करूं उफ़ है ये मुमकिन लेकिन
घूंट अपमान का पी जाऊं मेरे बस में नहीं

भून दूं गोलियों से सैंकड़ों को सरहद पे
तीर पंछी पे मैं चलाऊं मेरे बस में नहीं

लड़खड़ाऊंगा मैं पीकर या बड़बड़ाऊंगा
अपना हर ऐब छिपा जाऊं मेरे बस में नहीं

....

17. ग़ज़ल

मेरे अन्दर भी तू है जानता हूं
मगर तुझको मैं बाहर ढूंढता हूं

न मिल पाएगा तू मुझको ख़बर है
तुझे सदियों से फिर भी खोजता हूं

बदलते देख तेवर साहिलों के
तलातुम में सुकूं मैं पा रहा हूं

मुझे सूली पे ये लटका रहे हैं
इन्हें क्या हो गया मैं सोचता हूं

सराबों में बसे लोगों के मुंह पर
मैं इक आसूदगी सी देखता हूं

गुनहगारों की सोहबत में रहा हूँ
खरे खोटे को मैं पहचानता हूं

समन्दर प्यास अपनी पी रहा है
बरस कर 'अब्र' मैं भी जी रहा हूं

....

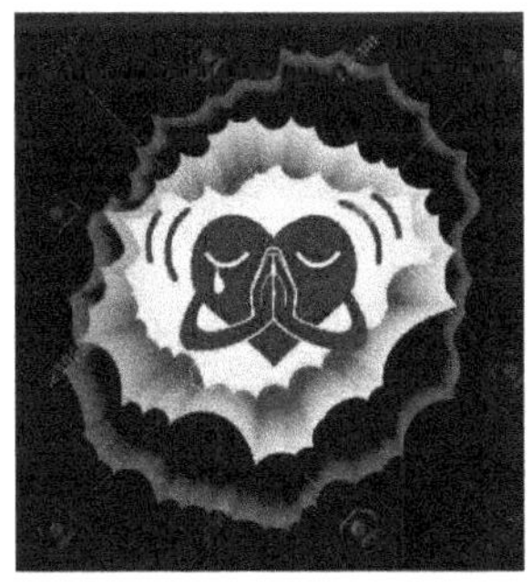

18. ग़ज़ल

सोच बदले ये हमारी न नज़रिया बदले
कैसे संसार में सुख दुख का सिलसिला बदले

आम इन्सां की ख़ुशहाली के रास्ते जो बनें
हो गुनाहों में कमी समाजी फ़िज़ा बदले

दर्स देने की की जगह ख़ुद मिसाल बन के दिखा
तब मुनासिब है ज़माने का रवैया बदले

नींद आती नहीं तो और ही वजहें होंगी
ख्वामख्वाह रोज़ तू बिस्तर नया नया बदले

हर घड़ी उससे मदद मांगने वाले लाखों
बदले मालिक भी तो किस किस का नसीबा बदले

बुद्ध की आज ज़रूरत है सिकन्दर की नहीं
हार और जीत का फिर कोई फ़लसफ़ा बदले

जब तलक नब्ज़ चले चारागर[1] तू कोशिश कर
क्या पता सर पे खड़ी मौत इरादा बदले**

....

*1. Doctor; **आख़िरी शेर आयुर्वेद के एक सूत्र पर आधारित है:*
"यावद् कण्ठगते प्राणा तावन्कार्या प्रतिक्रिया। कदाचित् दैवयोगेन दृष्टारिष्टोऽपि जीवति"॥

19. ग़ज़ल

आसमानों की तरफ़ बढ़ तो सही
पंख फ़ैला के ज़रा उड़ तो सही

हार पहले से मानता क्यूं है
अपने हिस्से की जंग लड़ तो सही

ताज इक ख्वाब की ताबीर तो है
ख्वाब आंखों में नए गढ़ तो सही

चेहरे अफ़साने बयां करते हैं
इन किताबों को कभी पढ़ तो सही

क़ामयाबी भी क़दम चूमेगी
दामन उम्मीद का पकड़ तो सही

ज़िन्दगी से गिला बहुत रक्खा
मौत पर भी कभी बिगड़ तो सही

....

20. ग़ज़ल

गगरियां फूटती रहीं सच है
गोपियां रूठती रहीं सच है

रोटियों की तलाश में यारां
नगरियां छूटती रहीं सच है

मन बिरागी हुआ मगर आंखें
तन में कुछ ढूंढती रहीं सच है

न सिली तार तार थी चादर
डोरियां टूटती रहीं सच है

जोहती बाट कुछ थकी सांसें
मौत से जूझती रहीं सच है

मेरी तन्हाइयां पता तेरा
रोज़ ही पूछती रहीं सच है

हाथ को बांध कर घड़ी हर पल
उम्र को लूटती रही! सच है

वक़्त आया बुरा तो साहिल पे
कश्तियां डूबती रहीं सच है

21. ग़ज़ल

मैं हादसों से यूं तो निबटता चला गया
लेकिन यकीं जहान से उठता चला गया

हर जंग ज़िन्दगी की कभी जिसने फ़तह की
देहरी पे घर की प्यादों से पिटता चला गया

औरों के मुखौटों को हटाने में ख़ुद मेरे
रूख़ पर पड़ा नक़ाब उलटता चला गया

हिन्दू या मुसलमां के खौफ से हर आदमी
बस घर के दायरे में सिमटता चला गया

ऊंचाई दूसरों से बढ़ाने की होड़ में
अपनी नज़र में क़द मेरा घटता चला गया

नज़दीकी आसमां से न बन पाई कभी भी
नाता मगर ज़मीन से कटता चला गया

पुर्ज़े चुके मशीन के वो बन गई कबाड़
जीतेजी हर बुज़ुर्ग यूं मिटता चला गया

22. ग़ज़ल

रंग गिरगिट की तरह हमको बदलना आ गया
रफ़्ता रफ़्ता वक़्त के सांचे में ढलना आ गया

चाकुओं पर कातिलों के हाथ के क्यूं हों निशां
सबको दस्ताने पहन घर से निकलना आ गया

ठोकरों की मेहरबानी अड़चनों का शुक्रिया
रास्तों पर ढंग से बहुतों को चलना आ गया

दोस्तों की साज़िशों का बस यही अहसान है
दुश्मनों के वार से बचना संभलना आ गया

पत्थरों के इन बुतों को फिर चुनावी दौर में
मोम बनकर देखिए कैसे पिघलना आ गया

23. ग़ज़ल

कुछ मेरी ढंग की उड़ान रही
कुछ हवा मुझपे मेहरबान रही

कुछ हुनर मैंने ख़ुद संवार लिए
कुछ की दुनिया भी क़द्रदान रही

एक दीवार बन गई थी अना
जाने कितनों दरमियान रही

तेरी दुनिया से बेदख़ल होकर
मेरी हर सांस लामकान रही

कितने हीरों को जनम देकर भी
ज़िन्दगी कोयले की खान रही

'अब्र' ताउम्र मेरी तनहाई
मेरी हमराज़ो-हमज़ुबान रही

....

24. ग़ज़ल

यूं सफ़र उम्र का कटा यारब
फ़ासला मौत से घटा यारब

जंग पहली अभी टली भी न थी
इक नया मोर्चा खुला यारब

नाम उसने मेरा लिया यारब
फिर बवेला हुआ खड़ा यारब

जिन्हें मंज़िल की ना राहों की ख़बर
क़ौम के हैं वो रहनुमा यारब

सारी जद्दोजहद दो रोटी की
ज़िन्दगी दी कि बद्दुआ यारब

हर गुनाह की सज़ा यहीं देकर
हश्र में तू क्या करेगा यारब

देख, सुन, समझ-बूझकर सब कुछ
क्यूं है अन्जान तू रहता यारब

याद करता है बस नशे में तुझे
'अब्र' तो है ही सरफ़िरा यारब

....

25. ग़ज़ल

जो नज़र आए न उसको कहां कहां ढूंढें
दरमियां अपने कोई अपना निगहबां ढूंढें

ये ज़रूरी नहीं समझे वो करोड़ों की ज़ुबां
अपनी दुनिया में चलो अपना हमज़ुबां ढूंढें

जब तलक अपनी ज़मीं ज़िन्दगी से रौशन है
हम सितारों में नए किसलिए जहाँ ढूंढें

तंगदिल है जो समंदर बला से हो अपनी
क्यूं न दरिया में उतर, सदफ़े-दुर-अफ़शां[1] ढूंढें

बू-ए-नफ़रत से सराबोर हैं सब गांव-ओ-शहर
हो महक प्यार की जिनमें वो बस्तियां ढूंढें

दाग़ हम चांद के देखें, न तपिश सूरज की
फिर भी इन्सान की सीरत[2] में ख़ामियां ढूंढें

मुल्क से ऊंचा नज़र आता है मज़हब सबको
रोग ज़ालिम है चलो जल्द ही का दरमां[3] ढूंढें

....
1. मोती भरी सीपियां, 2. कर्म, 3. इलाज

रोटियों पर बवाल है अब भी
आदमी खस्ता-हाल है अब भी

जो हैं ख़ुशहाल वो जानें, अपने
सर पे ख़ालिस पुआल है अब भी

क़त्लो-ख़ूं नाम पे तेरे यारब
जाने क्यूंकर हलाल है अब भी

जिसने ईमान बचा रक्खा है
उसकी गुदड़ी में लाल है अब भी

'अब्र' कहना था कुछ कुछ और कहा
जी को इतना मलाल है अब भी

ग़ज़ल ......2......

दिल में तेरा ख़याल है अब भी
मेरा जीना मुहाल है अब भी

आइना साफ़ साफ़ कहता है
ज़िन्दगी पायमाल है अब भी

वैसे रिश्ता कभी का टूटा पर
आंख दोनों की लाल है अब भी

रोज़ बनते हैं कुछ नए दुश्मन
दोस्तों ही की चाल है अब भी

'अब्र' तन्हा था कल जुदाई में
और यही अर्ज़े-हाल है अब भी

....

28. ग़ज़ल

गुरूर दौलतो-ताक़त का था मैं क्या करता
इधर संभालता ख़ुद को तो उधर जा गिरता

पीर होती है क्या पराई गर समझ पाता
पराई चीज़ों पे मैं हाथ तक नहीं धरता

एक वो दिन था खिलौनों से बहल जाता था
एक ये दिन है ख़ज़ानों से जी नहीं भरता

जुर्म पर कल किसी क़ानून से डरेगा क्यूं
झूठ कह आज जो मां बाप से नहीं डरता

ज़ेहन में लोगों के जीने का फ़न न सीख सका
वगरना मौत से मैं जिस्म की नहीं मरता

सच युधिष्ठिर का आधा कह गया कि हर योद्धा
हार से डरता है ज़मीर से नहीं डरता

सैंकड़ों ऐब सही 'अब्र' में ये गुन भी तो है
जां चली जाए वो ज़ुबान से नहीं फिरता

....

29. ग़ज़ल

हर कोई वाक़या आंखें भिगो नहीं जाता
हर कोई हादसा नश्तर चुभो नहीं जाता

सबूत माना दिखाता है सबको सच का वजूद
न हो सबूत तो सच झूठ हो नहीं जाता

ख़ून बहता है सिपाही का जो भी सरहद पर
सियासी झगड़ों में पानी तो हो नहीं जाता

जबसे दुनिया बनी है चांद को लगता है ग्रहण
इससे चंदा का नूर कम तो हो नहीं जाता

देने राहत हमें जाता तो है अंधेरों में
पर आफ़ताब कभी थक के सो नहीं जाता

शख़्स जो खो गया रंगीनियों के मेले में
क्यूं ख़याल उसका ख़लाओं में खो नहीं जाता

30. ग़ज़ल

वक़्त की किसने नज़ाकत समझी
किसने कुदरत की इबारत समझी

जब ढली उम्र सेहत गिरने लगी
हमने रिश्तों की अहमियत समझी

उम्र भर जिसने बुहारी मस्जिद
किसने कब उसकी इबादत समझी

ख़ुश्बुएं भी लुटी मसले भी गए
किसने फूलों की अज़ीयत समझी

फल लगे पेड़ों ने पत्थर खाए
और शराफ़त की मुसीबत समझी

हाथ रंगने हिना ने जां दी मगर
किसने कुर्बानी की कीमत समझी

मैंने ताक़ीद की थी छोटी सी
जाने क्यूं तूने हिदायत समझी

....

31. ग़ज़ल

क्लासेस खुली हैं हर सू अलगाव की नफ़रत की
मिलती है मुफ़्त कोचिंग टकराव की दहशत की

फ़िरकों की फ़िक्र में सब इन्सां का ज़िक्र ग़ायब
दूकानें चल पड़ी हैं मज़हब की सियासत की

मौसम के सितम बाहर दीमक का कहर अन्दर
क्या जाने उम्र कितनी बाकी है इमारत की

इक दो बरस में कंगले अरबों में अगर खेलें
क्यूँ उंगलियां न उड़े फिर खोट पे नीयत की

मुजरिम की रिहाई की करता है पैरवी वो
खाई थी कसम जिसने कानून की ख़िदमत की**

घर-बार जिनके उजड़े दंगों में बिना कारण
तस्दीक़ करें कैसे यारब तेरी रहमत की

अन्धे की थाम उंगली मस्जिद के दर पे छोड़ा
मासूम से बच्चे ने क्या खूब इबादत की

मेरे लहू में लिथड़ी किरचों ने कहा मुझसे
आइने से भिड़ने की क्यूं तूने हिमाक़त की

....

**बेशर्म जज काटजू, जिसने संजयदत्त की जेल माफ़ी की सिफ़ारिश की थी*

32. ग़ज़ल

गूंगे बहरों की सभाओं में बैठ क्या बोलूं
सब हैं ख़ामोश अकेला मैं क्यूं ज़ुबां खोलूं

जंग कबसे छिड़ी है भूख और ज़मीर के बीच
किससे मुंह मोड़ लूं मैं साथ में किसके हो लूं

हादसा पीड़ितों में बंटती है राहत की रकम
बहती गंगा में चलो मैं भी नहा लूं धो लूं

कुर्सियां मिलती हैं सरकारी बड़ी मेहनत से
क्यूं न अब मैं भी करूं ऐश मज़े से सो लूं

दोस्त बन बैठे हों अख़बार के रिपोर्टर जब
हाले-दिल किससे कहूं राज़ेदिल- कहां खोलूं

....

33. ग़ज़ल

ढंग से छोटा सा घर तक न मैं सजा पाया
सब संजो लेने का पर मोह कब मिटा पाया

मुझसे मिलने को वो मीलों चला तो आया था
बस मुलाक़ात की हिम्मत नहीं जुटा पाया

मैंने सहबा भी चखी धर्म के प्रवचन भी सुने
पर ख़याल उसका कहां ज़ेहन से हटा पाया

कृष्ण राधा की कथा दोनों जानते थे मगर
कौन रूसवाई का कलियुग में डर मिटा पाया

कचहरी में उसे लाने के जतन जब भी किए
मैंने ख़ुद ही को कटघरे में तब खड़ा पाया

स्वार्थ यह भूल गया, किससे क्या मिला कब कब
लोभ ने रोज़ ही पूछा कि 'किससे क्या पाया'?

इतना पापी था मैं गंगोत्री पहुंच कर भी
स्नान की छोड़िए डुबकी न इक लगा पाया

काम करना ढंग से माना मुझे आता नहीं
हर किसी का ढंग भी मुझको मगर भाता नहीं

तुक भरी बातों को मैं शायद समझ पाता नहीं
बेतुकी बातों पे पर ईमान भी लाता नहीं

कल जिन्होने ये कहा शंकर शिवाला दिल में है
पूछते हैं आज वो मंदिर मैं क्यूं जाता नहीं ?

बेवजह उपदेश देने को ग़लत कहता हूं मैं
इस भली हरकत से लेकिन ख़ुद भी बाज़ आता नहीं

ख़ामियां लोगों में अक्सर ढूंढता रहता तो हूं
ये भी इक खामी है बस इतना समझ पाता नहीं

ज़िन्दगी मंज़िल है या इक मरहला या है सफ़र
क्यूं कोई इस राज़ से पर्दा उठा पाता नहीं!

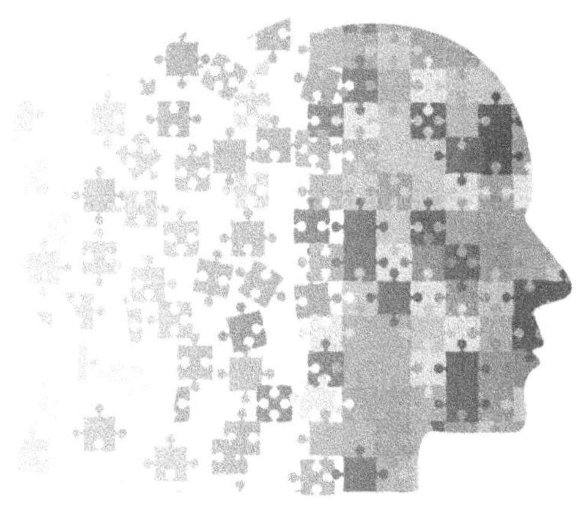

35. ग़ज़ल

ज़ेहन से छंट सके थे कब कोहरे
साफ़ कब दिख सके थे सब चेहरे

तेरा मरहम भी कुछ पुराना था
ज़ख्म मेरे भी थे ज़रा गहरे

घर की इज़्ज़त ख़याल मज़हब का
प्यार की सोच पर कई पहरे

जीत शाहों को मिली, जां अपनी
हार कर चल दिए कई मोहरे

मैं भी चिल्लाया बुरे वक़्त मगर
तब मेरे दोस्त हुए थे बहरे

लुटी खुद्दारी बिक गया है ज़मीर
काफ़िला अब किसी डगर ठहरे

36. ग़ज़ल – बयाने-हक़ीकी B

मैं कि ख़्वाबों में जी नहीं सकता
पर हक़ीकत से भी कतराता हूं

सिर्फ़ आराम कर नहीं सकता
काम सिर पर हो तो बौराता हूं

आंखें चुंधियाए हैं उजालों में
और अंधेरों से खौफ़ खाता हूं

रहूं तन्हा तो सर फटे है मेरा
भीड़ में ख़ुद में सिमट जाता हूं

उसके होने पे शक है मुझको मगर
दर पे उसके भी मैं हो आता हूं

चाह शोहरत की मुझे खास नहीं
फिर भी गुमनामी से घबराता हूं

झूठी तारीफ़ भी पसन्द नहीं
कड़वा सच सुन के भी चिढ़ जाता हूं

एक जगह बैठ भी नहीं सकता
थोड़ा चलता हूं तो थक जाता हूं

37. ग़ज़ल

"कितनी शोहरत तुझे अख़बार वो दिलाएगा
कल सुबह ख़ुद ही जो रद्दी में बदल जाएगा

ऊंची कुर्सी पे नज़र रख के **डेमोक्लीज़*** न बन
सर पे तलवार को हरदम लटकता पाएगा

तेरा दुश्मन अगरचे ख़ुद हुआ ज़मीर तेरा
कौन फिर हक़ में तेरे फ़ैसला सुनाएगा

कोशिशें कर के मान बन गया तू **किंग मिडास****
तो अज़ीज़ों को गले किस तरह लगाएगा ?

कहीं माथा कहीं पे एडियां रगड़ेगा अगर
किस तरह आइने से आंख फिर मिलाएगा ?

हौसला **ब्रूस***** की माफ़िक बुलन्द कर फिर फिर,
फ़तह का जश्न तभी जाके मना पाएगा

हक़ में बंदों के काम करता रह **अबू****** की तरह
ख़ुदाबंदों में तेरा नाम ख़ुद आ जाएगा

तुझको बारूदी धमाकों के दौर में गाकर,
कौन **तोड़ी या पहाड़ी******* की धुन सुनाएगा !

डेमोक्लीज*: एक ग्रीक कथा के अनुसार वो आम आदमी जो राजा की वचन पूर्ति पर साम्राज्य तो मांग बैठा, पर जब अपने सिर पर बाल से बंधी लटकती तलवार देखी तब उसे अहसास हुआ कि बड़े ओहदे के साथ जुड़ी सच्चाई क्या है !

किंग मिडास**: ग्रीक दंत कथानुसार वह राजा, जिसने भगवान से हर छुई हुई वस्तु को सोने में बदलने का वरदान तो मांग लिया, किन्तु जब उसके गले लग उसकी अपनी बेटी स्वर्ण मूर्ति में बदल गई, तब उसे लोभ से जुड़े दुष्परिणाम का पता चला !

राबर्ट ब्रूस***: स्काटिश इतिहास का वह राजा जो दुश्मनों से ३-४ बार युद्ध हारने बाद जब किसी गुफ़ा मे छिपकर हताश बैठा हुआ था, तब उसे पुनः युद्ध करके साम्राज्य हासिल करने की प्रेरणा उस मकड़ी से मिली, जो ६ बार की नाकामी के बाद अपना जाला बनाने में सफल हुई थी ।

अबू बिन आदम****: अरबी लोक कथाओं के एक मशहूर समाजसेवी जिन्होने किसी रात अपने कमरे में यह देखा कि बहुत उजाला है और देवदूत सा कोई व्यक्ति कुछ लिख रहा है । पूछने पर उसने बताया कि वह भगवान के भक्तों की लिस्ट बना रहा है । उसने अबू से यह भी पूछा कि क्या उसे अपना नाम देखना है ? अबू ने कहा नहीं, क्यूंकि मैं तो भगवान का भक्त नहीं, मनुष्यों का सेवक हूं, और वह सो गया । सवेरे नींद से उठकर अबू ने पाया कि देवदूत तो जा चुका था, पर भगवान के भक्तों की लिस्ट वहीं पड़ी थी और उसमें (*"मानवसेवये माधवसेवा"* को चरितार्थ करता) अबू का नाम सबसे ऊपर था !

तोड़ी और पहाड़ी*****:हिन्दुस्तानी क्लासिकी मौसिक़ी में गाई बजाई जाने वाली दो बेहद मीठी धुनें जिन पर अपने फ़न का महारत पहचानने दिखाने के मक़सद से लगभग हर उस्ताद ने हाथ आज़माया है ।

....

38. एक नई एक्सपेरिमेंटल ग़ज़ल –
इसकी ख़ासियत यह है कि हर शेर के पहले मिसरे में दो दो जोड़े हुए लफ़्ज़ हैं

"ये दिक्कते नाबीना[1] वो लज़्ज़ते-बीनाई[2]
जानें वो जिनपे गुज़री कब सबकी समझ आई

तकलीफ़े-सियाहफ़ामी[3] और कुव्वते-बरनाई[4]
हिन्दोस्तां में मेरे दीं हर जगह दिखाई

पिंदारे-शोहरत[5] वो ये तोहमते-रुसवाई
कोई उड़ा हवा में ठोकर किसी ने खाई

जज़्बा-ऐ-वफ़ादारी शेवा-ए-बेवफ़ाई
किसके लहू में क्या है ये कौन जाने भाई

किरदारे-युसुफ़ हो या अन्दाज़े-ज़ुलेखाई*
ना इसने मात खाई ना उसने मात खाई

1. अन्धापन, 2. देख पाने का आनन्द,
3. कालापन, 4. गोरापन, 5. शोहरत का अभिमान

*हज़रत यूसुफ दिखने में बहुत सुंदर थे। ग़लती से ग़ुलाम बनाकर बेच दिए गए थे। मालिक पोतीपर की पत्नी उनके साथ अवैध सम्बन्ध बनाना चाहती थी। मगर यूसुफ जानते थे कि यह गलत है, इसलिए उन्होने मना कर दिया। पोतीपर की पत्नी को बहुत गुस्सा आया। जब उसका पति घर आया, तो उसने उससे झूठमूठ कामुक कहकर यूसुफ को ही जेल में डलवा दिया था।

39. ग़ज़ल

पीर वैसे तो कम नहीं होती
आंखें पर अब ये नम नहीं होती

उम्र सड़कें घटा रही हैं मगर
भीड़ सड़कों पे कम नहीं होती

हुक्मरां मिटते आए सदियों से
जंग फिर भी ख़तम वहीं होती

हुस्न अब भी मिले है आंखों में
सिर्फ उनमें शरम नहीं होती

जो कहे मुल्क से ग़द्दारी कर
ऐसी लानत, क़सम नहीं होती

सबका दुख सुन, हुए दुखी वो भी
ऐसी ख़बरें हज़म नहीं होती

यूं शरीके-सफ़र तो सबकी है
राह पर हमक़दम नहीं होती

हम सितम ख़ुद ही इसपे करते हैं
ज़िन्दगी बेरहम नहीं होती

....

40. ग़ज़ल

मोल हर इक को ज़हानत का बताकर क्या मिला
बीन हर इक भैंस के आगे बजाकर क्या मिला

रौशनी से जिनको चिढ़ है और अंधेरों से है प्यार
फायदे सूरज के उनको कह बताकर क्या मिला

जिस्म में जां आते ही तुझ पर जो करते वार हैं
प्यास उनकी आबे-ज़मज़म से बुझाकर क्या मिला

अक्ल रखकर ताक पर, देखें जो नाटापन तेरा
क़द के असली मानी क्या! उनको सिखाकर क्या मिला

एक ख़याले-मुख़तलिफ़ पर ठान बैठें रार जो
'ऐसे कमज़र्फ़ों को, दोस्त अपना बनाकर क्या मिला

'अब्र' जो जज़्बात की क़ीमत समझ सकते नहीं
उनकी ख़ातिर ख़ून और आंसू बहाकर क्या मिला

41. ग़ज़ल

कौन खाता है कब किसी का दिया, इस सचाई पे सभी ग़ौर करें
इसकी औक़ात हैसियत उसकी, छोड चल बात कोई और करें

सुनते आए हैं भले लोगों के दिल, बड़े शहरों की तरह होते है
ऐसे शहरों में घर बनाने की, कोशिशें आइए पुरज़ोर करें

इस घनी रात के अंधियारे में, तेरी यादों के चमकते जुगनू
बैठ पलकों पे मुझसे पूछते हैं, हो इजाज़त तो यहीं ठौर करें ?

वक़्त हिन्दोस्ताँ की किस्मत को, मात सदियों से देता आया है
क्यूं न माहिर से जुआरी की तरह, मोहरे उस ओर के इस ओर करें

ऊंची तालीम के मुग़ालते में, कितने हममें से बन गए रोबो
चल ये चोला उतार कर यारां, चीख़ें, चिल्लाएं, ज़रा शोर करें

इन हरे लाल से झंडों ने सुनो, कितना रुसवा छतों को अपनी किया
क्यूं न इनको समेट घर में रखें, और तिरंगे का शुरू दौर करें

....

42. ग़ज़ल

हाँ में हाँ जब भी मिलाई, उन्हें बहुत भाए
किए सवाल तो, दुश्मन ही हम नज़र आए

किताबें रटने पे अक्सर सही ठहराए गए
अहमियत उनकी जो पूछी तो ग़लत कहलाए

जो भजन गाता है हर रोज़ राम में रमकर,
गा ले दरगाह में इक दिन, अधर्मी हो जाए

बुज़ुर्ग ख़ुश थे हमारे, नमाज़ों रोज़ों पर
हुए खफ़ा जो कभी आरती पे हो आए

ख़ुश थे कल हम भी चढ़ाकर मज़ार पर चादर
बेकफ़न लाश दिखी आज, ख़ुद पे भन्नाए

चढ़ावा दर पे जो मंदिर के दिया भूखे को
लगा यूं पाप हम गंगा में आज धो आए

हमख़याली में हर इक लफ़्ज़ प्यार था कल तक
आज हर बात के मतलब कई निकल आए !

अपनी बरनाई* पर ऐ 'अब्र' नाज़ काहे का
क्यूं मरी चाम की परतों पे इतना इतराए

....

*गोरापन - गोरा या काला रंग चमड़े की जिस ऊपरी परत की वजह से बनता है, वो सही मानो
में मरी हुई बेजान सेल्स की बनी होती है।

43. ग़ज़ल – बयाने-हक़ीकी C

बस शायरी से उन्स है शायर नहीं हूं मैं
यारों ग़ज़लसराई में माहिर नहीं हूं मैं

हाथों मे शिफ़ा है मेरे मालिक का करम है
चारागरी के फ़न का सिकंदर नहीं हूं मैं

जाए नज़र न जिसपे वो पत्थर हूं मील का
आंखों में जो बस जाए वो मंज़र नहीं हूं मैं

देखूं उसी का अक्स हर इक पाक रूह में
भरमाते रास्तों का मुसाफ़िर नहीं हूं मैं

साहिल की रेत पे पड़ा टूटा सा शंख हूं
बच्चों का इक खिलौना हूं, गौहर नहीं हूं मैं

ज़िन्दा ज़मीर भी है मेरा अज़्म भी महफ़ूज़
वरना तो कोई ख़ास तवंगर नहीं हूं मैं

लहजे में बचाए हुए हूं प्यार की महक
माना कि ख़ुशबुओं का समंदर नहीं हूं मैं

बातों से मैंन दिल भी दुखाए हैं कुछ मगर,
मन्दिर जो ढहा डाले वो बाबर नहीं हूं मैं

नश्तर की नोक हैं मेरे अल्फ़ाज़ बाज़वक़्त
जो पीठ में घुस जाए वो ख़ंजर नहीं हूं मैं

उस्तादे-रेख़्ता की ज़मीं पर घिसी क़लम
हिम्मत के मामले में भी कमतर नहीं हूं मैं

. . . .

44. ग़ज़ल

मेरी पीढ़ी पे सितम वक़्त ये कर जाएगा
इसका हर शौक़ साथ इसके ही मर जाएगा

जिस्म के रिश्तों का यूं राज दिलों पर होगा
टूटकर रूह का अहसास बिखर जाएगा

दीन दीवानगी में क़ैद, ख़ुदा मज़हब में
ख़ुदपरस्तों का मगर रूप निखर जाएगा

तर्जुमा ऐसा किया जाएगा किताबों का
ख़ुदकशी करके जो मफ़हूम है मर जाएगा

ज़िन्दगी उनकी होगी जो जिएंगे फ़िरकों में
मुल्क का प्यार तो कर तितर-बितर जाएगा

'अब्र' अंजान को हमराह न कर कश्ती में
वो डुबोकर तुझे उस पार उतर जाएगा

....

45. ग़ज़ल

अपने कांधे पे ख़ुद सलीब अपनी, सालहासाल मैंने ढोई है
अपनी ज़िल्लत पे ख़ून के आंसू, आंख मेरी भी बहुत रोई है

अक्स तेरा टटोलने दिल में, जब भी झांका, कहा तनहाई ने,
"ढूंढता क्या है चला आ अन्दर, कोई तेरा, न मेरा कोई है"

कोई नाता नहीं है गैरत से, ऐशो-आराम की चाहत का मिंया,
है ये वो फ़ाहशा जो मर्जी से, कितनों के बिस्तरों पे सोई है

दाग़ दिखते नहीं मिटते भी नहीं, जाने कब लग गए औ' कैसे लगे,
मैंने हर घाट पे हर साबुन से, ये चदरिया उमर की की धोई है

जब सयाना हुआ तब अब्बू ने, जो बड़े प्यार से थमाई थी,
सुख के ताले की वो चाबी यारों, आज बरसों से कहीं खोई है

पूछ मत वादियों में फूलों की, गंध क्यूं आ रही है बारूदी,
चल बता क्यारियों में केसर की, किसने ये नागफनी बोई है

हर कोई चाहता है नस्लें नई, हंसती गाती रहें महफूज रहें,
पीछे गुलदानों के क्यूं तूने फिर, शीशियां ज़हर की संजोई है

अपनी नादानियों की, भूलों की, 'अब्र' जब जब भी बही खोली है,
कोई बोला कि ये बेशर्मी है, कोई कहता है साफ़गोई है

. . . .

कोई मुझमें है जो हर एक बाज़ी हार बैठा है
कोई हर दर्द से भिड़ने को बस तैय्यार बैठा है

समझता एक है कल वक़्त बदलेगा, मगर दूजा -
मुख़ालिफ़ वक़्त से ठाने हुए इक रार बैठा है

कोई कहता है कि तक़दीर पर काबू हुआ किसका
कोई तदबीर की डोरी को थामे, यार बैठा है

कोई कहता है हर नाता परे रख कर जमा दौलत
कोई रिश्तों की ख़ातिर फूंक कर घरबार बैठा है

कोई देखे अज़ीज़ों को भी बस शक की निगाहों से
कोई अंजान चेहरों पर भी कर एतबार बैठा है

किसी की कोशिशें हैं, ग़म हर इक दिल में छिपाने की
कोई चेहरे को ही मेरे बना अख़बार बैठा है

हुई अब उम्र, कैसे शौक़, समझाता है इक लेकिन
धरे सिर ख़्वाहिशों का दूसरा अम्बार बैठा है

मैं सोचूं बारहा दोनों में, मेरा कौन रूप असली
दिमागी ये खलल जीना किए दुश्वार बैठा है

47. ग़ज़ल - बयाने-हक़ीक़ी E

मोह माया में मैं पड़ा भी रहा
पर फ़कीरी से कुछ जुड़ा भी रहा

कभी दुनिया से हो गया मैं खफ़ा
कभी ख़ुद ही को कोसता भी रहा

यूं उठा बैठा रईसों में मगर
साथ मज़दूर के खड़ा भी रहा

किया हालात से समझौता कभी
कभी हक़ बात पर अड़ा भी रहा

तोड़ नाता, संजो रखी यादें
वो रहा मुझमें और जुदा भी रहा

तेरे ख़्वाबों की और ख़यालों की
मैं रहा क़ैद में, रिहा भी रहा

कोशिशों में तुझे भुलाने की
तेरे बारे में सोचता भी रहा

जिसके होने पे था शुबहा मुझको
उसको अक्सर मैं पूजता भी रहा

वुसअते-रूहो-ज़ेहन की हद में
उसको खोया भी, ढूंढता भी रहा

मयकशों से रही बड़ी यारी
पारसाओं से राबता भी रहा

अब्र परबत पे सख़्त बर्फ़ बना
और खेतों पे बरसता भी रहा

48. ग़ज़ल

लुत्फ़ जी भर के लीजिए साहब, ज़ीस्त सहबा है पीजिए साहब
तू ग़लत मैं सही के चक्कर में, वक़्त ज़ाया न कीजिए साहब

लीक को छोड़के चलने वाली, पीढ़ियां नई कुछ निराली हैं
ये पतंगें हवा में उड़ती हुई, डोर मत इनकी खींचिए साहब

बाद हर इंकलाब के हमने, माना इक नई सुबह आती है
ज़ख़्म कुछ फिर भी दर्द देते है, प्यार से उनको सीजिए साहब

*देखिए ईसा या सुकरात को फिर, सूली चढ़ना ज़हर पीना न पड़े
झूठ जब सच की मरोड़े गर्दन, मुट्ठियां अपनी भींचिए साहब

ये ज़मीं लाल भी ज़रख़ेज़ भी है, हक़परस्तों के ख़ूं पसीने से
सियासी कै की गंदगी से इसे, बाकरम यूं न सींचिए साहब

....

49. ग़ज़ल

पाना जो चाहता है दुखों से निजात तू
कुछ फ़ैसलों को छोड़ दे मालिक के हाथ तू

शतरंज ज़िन्दगी है खेल तो, पर औरों को
शह देने की फ़िराक में खाएगा मात तू

माना कि कायनात में हैं तुझसे करोड़ों
मत भूल कुछ ऐसे हैं जिनकी कायनात तू

जाना है आख़री सफ़र पे सबको अकेले
मेले में रह जहान के अपनों के साथ तू

अहसां जता के हर किए पे फेर न पानी
मत पीठ पे जज़्बात की रिश्तों को लाद तू

सुनते हैं अब भी लोग कई ढंग की बातें
रख दोस्त सलीके से मगर मन की बात तू

मिट्टी से उगी पौध तूने खाई उम्र भर
बदले में बनेगा इन्हीं पौधों की खाद तू

50. ग़ैर-मुरद्दफ़ ग़ज़ल

साँकलों में किसी को क्यूं बांधें
बोझ रिश्तों का सिर पे क्यूं लादें

सूखकर कल है बिखरना सबको
आज अंगनाई चलो महका दें

आस, उम्मीदें हों कि हों सपने
चल इन्हें हौसलों का कांधा दें

ज़िंदगी की लटें हैं उलझी हुई
आ इन्हें मुस्कुरा के सुलझा दें

सारी बस्ती हुई है पत्थरबाज़
फ़ौजें किन किन पे निशाना साधें

51. ग़ैर मुरद्दफ़ ग़ज़ल

ख़्वाहिश है चाहतों की, कि न क़ैदे-जिस्म छूटे
पर रूह सोचती है, कि ये पिंजरा जल्द टूटे

रहबर न कोई रहजन, इस दौरे-सियासत में
चुपके से छले कोई, कोई डर दिखा के लूटे

सोचे ये रसोई के, कोने में छिपी बिल्ली
जागे मेरी भी किस्मत, छींका जो कभी फूटे

मेरे देश के इलेक्शन, लीला तेरी न्यारी है
बंधने को ढूंढते हैं, आवारा सांड खूंटे

ख़ुदगर्जियां मेरी हैं, तेरी भी है ज़रूरत
इक दूसरे से क्यूंकर, अब कोई काहे रूठे

चल हाथ थामते हैं, चल दोनों मानते हैं
नीयत मेरी खोटी थी, वादे थे तेरे झूठे

मैं सांकलों में जकड़ा, करता हूं दुआ अक्सर
फ़िरकों का इन सरों से कभी तो तिलिस्म टूटे

52. ग़ज़ल

घात दरिया पे हुआ, बात भंवर तक पहुंची
गांव डूबा ये ख़बर हर किसी दर तक पहुंची

ख़ुद को लहरों का ख़ुदा माना था इक मछली ने
फिर तो जो ठीक था, वैसे वो हशर तक पहुंची

सीप की कोख में थी कैद बूंद अर्से तक,
उसकी हस्ती तभी तो यार, गुहर[1] तक पहुंची

पास की बस्तियां वो शख़्स जला आया था,
एक चिनगारी उठी, उसके भी घर तक पहुंची

बताओ सबको आधी रात की ये आज़ादी
कितने लोगों का लहू पी के सहर तक पहुंची

चंद हमराज़ ही मेरा ठिकाना जानते थे
फिर भी दुश्मन की फ़ौज मेरे शहर तक पहुंची

छांव में नागफ़नी की हैं धतूरे महफ़ूज़
बात सरहद के इधर की थी उधर तक पहुंची

जो पले साए में कीड़े वो जड़ें खाने लगे
कैसी मनहूस ख़बर बूढ़े शजर[2] तक पहुंची

....
1. मोती, 2. पेड़

53. ग़ज़लनुमा - फ़ौजी

जिस्म हम सबके भी माटी के दिये हैं मालिक
पर अंधेरों से हम हर रात लड़े हैं मालिक

लाम से लौट इबादत तेरी कर लेंगे कल,
मुल्क की आज हिफ़ाज़त में जुटे हैं मालिक

जाल फेंके है कोई, कोई सिर पे वार करे,
हम भी मज़बूत चटानों से अड़े हैं मालिक

कभी सरहद पे निगाह डाल देख हम कैसे
बनके फ़ौलाद की दीवार खड़े हैं मालिक

मौत ढूंढे है सौ बहाने हमको ले जाने,
ज़िंदा रहने की मगर ज़िद पे अड़े हैं मालिक

नहीं जन्नत की हमें चाह, वतन के दुश्मन
ज़िद जहन्नुम की ले रस्तों में खड़े हैं मालिक

54. ग़ज़ल

मकड़ी भी नहीं फँसती, अपने बुने जालों में
उलझा है मगर आदमी, अपने ही ख़यालों में

जिसके यक़ीं को चोट लगी, मेरे जवाबों से
वो घेरता है मुझको, अब नये सवालों में

जिन जुगनुओं ने खूं जला, रातों को ज़िया[1] बख़्शी
अन्धे हुए फिरते हैं, वो दिन के उजालों ने

पुचकार के मां ने मुझे, थाली पे जब बिठाया
महीनों की भूख मिट गई, दो चार निवालों में

फ़ाकों से मौत का डर ज़्यादा है, कि शेरों से
चर्चा है आम इन दिनों, कुछ भूखे ग़ज़ालों[2] में

मैख़ाने में दोज़ख़ है, दैरो-हरम में जन्नत
सुन **अब्र** न आएगा, वाइज़[3] तेरी चालों में

....

1. उजियारा, 2. हिरणों, 3. धर्मोपदेशक

55. ग़ज़ल

आए थे जहाँ में क्या करने, और देखिए क्या करने में लगे
बाग़ों को मिटाकर गमलों में, हम फूल जमा करने में लगे

रंगों की मिलावट को उनकी, जैसे ही सराहा दुनिया ने
बदनुमा लकीरें खींच के वो, फ़न को रुसवा करने में लगे*

हक़ कुचले हुओं का दिलवाने, सौंपी थी क़लम जिन हाथों में
वे बनके सियासत का मोहरा, जाने क्या क्या करने में लगे

कल क्या होगा की फ़िक्र में सब, चुक गया आज यह भूल गये
और गला घोंट अरमानों का, बस रकम जमा करने में लगे

पाया तो कहा फल मेहनत का, खोया तो मढ़ा तक़दीर के सिर
शुक्राना अदा करने की जगह, मालिक का गिला करने में लगे

फिरकों पे ख़ुदी का भूत चढ़ा, कह दिया 'अनल हक़' ख़ुद का कहा
कुछ और कहा जिसने उसकी, हस्ती को फ़ना करने में लगे

ज़ाया किया वक़्त दुआओं में, देनी थी दवा ज़रूरी जब
और वक़्ते-दुआ ये चारागर, लो मेरी दवा करने में लगे

....

* चित्रकार मकबूल फ़िदा हुसैन जिसने मशहूर होते ही धार्मिक दुर्भावनावश हिन्दू देवी देवताओं
के नग्न गंदे रेखाचित्र खींचकर उन्हें अपमानित करने की भद्दी कोशिश की थी ।

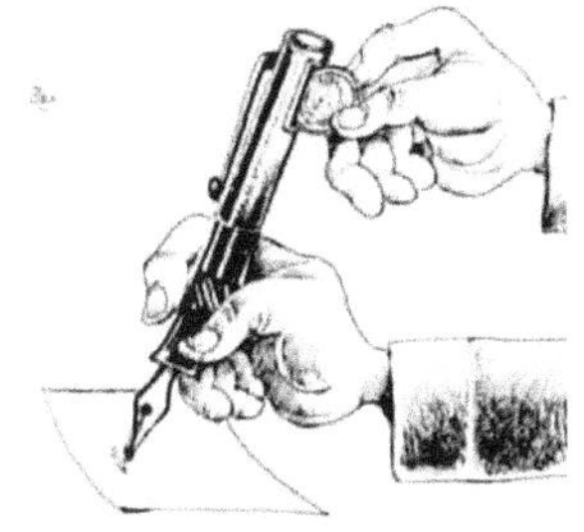

56. ग़ज़ल

हर ज़रूरत को मैं घटाता हूं
इस तरह रईसी बढ़ाता हूं*

आग जब होलियों की जलती है
नफ़रतें मैं भी जला आता हूं

नींद टूटे न ख्वाहिशों की कहीं
थपकियों से उन्हें सुलाता हूं

बाहरी शोरगुल से डरता हूं
और अन्दर को सिमट जाता हूं

जब भी तन्हाइयां सताती हैं
तेरी यादों को मैं बुलाता हूं

बीच इन मूरतों क़िताबों के
अक्स कब उसका देख पाता हूं

ध्रुव तारा हूं राह दिखलाने
सिर्फ़ उत्तर में टिमटिमाता हूं

कर्ज़ जज़्बात का है हाथों पर
शायरी लिखके मैं चुकाता हूं

....

*मित्र श्री संजय सिंह के लिखे मतले पर आधारित

57. ग़ज़ल

जुर्म करता रहा मुकरता रहा
सुर्खियां बनके मैं उभरता रहा

साथ हैवानियत का देता रहा
दम जो इंसानियत का भरता रहा

जब था मासूम डराते थे सभी
ज़ुल्म ढाए तो शहर डरता रहा

नज़रें दुनिया में उठाकर चलने
आइने की नज़र में गिरता रहा

जिस्म ने बद किया था नीयत को
पाप के बोझ से दिल मरता रहा

हाथ कटने वो सब ज़रूरी थे
पांव छूना जिन्हें अखरता रहा

धूल थी 'अब्र' के चेहरे पे मगर
साफ़ वो आइने को करता रहा

58. ग़ज़लनुमा - टीचर का दर्द

पत्ता हूं ज़र्द किस तरह तूफ़ान उठाऊं
सूखा कुंआ हूं क्या किसी की प्यास बुझाऊं

इतने किए हैं पाप लहू तक हुआ सफ़ेद
किस रंग से मालिक तेरी तस्वीर बनाऊं

सदियों से सो रहा है मेरा ही ज़मीर ख़ुद
कैसे मैं नई नस्ल को सोते से जगाऊं

ख़ुशियां ख़रीदी बेच कर आदर्श और उसूल,
किस मुंह से मोल सत्य का दुनिया को बताऊं

ख़ुद ही को ढूंढता हूं मैं चेहरों की भीड़ में
अब क्या किसी भटके हुए को राह दिखाऊं

हाथों में बेड़ियां हैं तो ताले ज़ुबान पर
कैसे मैं कोई गीत लिखूं गा के सुनाऊं

59. ग़ज़ल

उम्र भर चलता है जंगों का सिलसिला ऐ दोस्त
हां ये कुरूक्षेत्र है ! मैदाने-कर्बला ऐ दोस्त ।

ठूंठ इस पेड़ ने कल छांव तुझे ही दी थी
सींच मत ठीक कुल्हाड़ी तो मत चला ऐ दोस्त ,

क्या ख़बर फिर यहीं पे लौटना पड़े इक दिन
पीछे छूटे हुए पुलों को मत जला ऐ दोस्त

मीर हो मीरा कि ग़ालिब हतक सभी की हुई
तू ही रूसवाई का करता है क्यूं गिला ऐ दोस्त

कौन है जिसकी हुई हर किसी मुहिम पे फ़तह
एक ही हार और तू ग़म में मुब्तिला[1] ऐ दोस्त

हर इक पहाड़ का क़द तुझसे तब तलक कम है
बुलन्द जब तलक है तेरा हौसला ऐ दोस्त

अब्र जंचता है जो ज़मीर को बेख़ौफ़ तू कर
हर भले काम का अंजाम है भला ऐ दोस्त

....

.1 डूबा हुआ

60. ग़ज़ल - ज़िन्दगी

कभी अन्धा कुआं तन्हाई का
कभी भरपूर बज़्म लगती है

पैकरे-रूह[1] नज़र आए कभी
कभी बेजान जिस्म लगती है

कभी मरहम रखे ये ज़ख़्मों पर
कभी ख़ुद रिसता ज़ख़्म लगती है

जश्न ही जश्न है कभी हर सू
कभी दुनियावी[2] रस्म लगती है

कभी दीवान सी भारी भरकम
कभी छोटी सी नज़्म लगती है

दूर औलाद हो तो ये ख़ालिस
ज़िंदा रहने की रस्म लगती है

ज़ीस्त तहज़ीब की जड़ें तो कभी
कोई कुम्हलाया तुख़्म[3] लगती है

. . . .

1. आत्मा का आवरण, 2. सांसारिक, 3. कोंपल

61. ग़ज़ल

अब्र हर बूंद को तरसता रहा.
हक़ में औरों के पर बरसता रहा.

वक़्त जाने क्या समझकर मुझको,
नित नई कसौटी पे घिसता रहा.

देखकर फ़र्क कथनी करनी में,
आइना मुझपे रोज़ हंसता रहा.

जब किया आने वाला कल महफ़ूज़,
गुज़रा कल सांप बनके डसता रहा.

घटते बढ़ते रहे ज़मीर के भाव,
ख़ूं मगर आदमी का सस्ता रहा.

पहचानी पनाहगाह था दिल-जानी,
दर्द कोई न कोई बसता रहा.

तूने सर की कसम जो दे दी थी,
उम्र भर मय को मैं तरसता रहा.
………………………………

62. ग़ज़ल

वक्त शातिर है बहुत जाल से इसके तू निकल.
इसकी चालों से भी बच इसके पैंतरों से संभल.

ख़्वाब नींदों में जो भरमाएं, महज़ धोखे हैं,
जागती आंखों के ख़्वाबों को हक़ीकत में बदल.

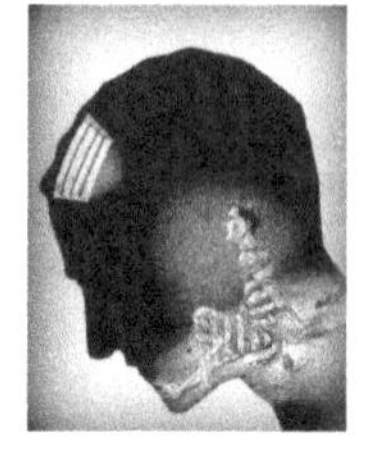

माना सुकरात है तुझमें, तू है ईसा भी मगर,
जान अपनी न गंवा ज़ालिमों के सर को कुचल.

फोड़ कर ठीकरा नाकामी का किस्मत पे मियां,
वक़्त के मुंह पर अपनी भूल की स्याही तो न मल.

गर ज़हानत के उजालों में जहाँ देखना है,
ज़ेहन में फ़ैले अंधेरों से तू बाहर तो निकल.

तू उड़ानों को परिंदों की देख, पिंजरों में
क़ैद कर उनको न दे काम में कुदरत के दख़ल

उठें सवाल अक़ीदों पे बुरा मानना मत,
सही समझ से निकलता है हर पहेली का हल.

क़िताबें सर पे लिए उम्र के सहरा में न चल,
इनका मफ़हूम समझ आक़बत को कर ले सहल ।

....

63. ग़ज़ल

अकड़ में जो अपनी समंदर न होते,
चढ़े इनके सीनों पे लंगर न होते

कहां होता झरनों की कलकल में जादू,
अगर उनकी राहों में पत्थर न होते

किताबें बतातीं जो जंगल की कीमत,
कभी आदिवासी ये बेघर न होते

शहर ऐशगाहों की फ़सलें न बोते,
तो ये गांव वीरान बंजर न होते

चहकती महकती हर इक नन्ही बिटिया,
जो सिर पर रिवाजों के गट्ठर न होते

मासूम मुस्कानें हीरों सी लगतीं,
बदन पर जो सोने के ज़ेवर न होते

सजाती न सपने जो आंखें, जहाँ में
कई ख़ुशनुमा दोस्त! मंज़र न होते

शरीफ़ाना होता जो लहजा तुम्हारा,
हमारे भी बिगड़े ये तेवर न होते

अगर होश में जोश होता तो हर दिन,
सड़क हादसे यूं भयंकर न होते

ख़याले-ख़ुदा लादा जाता न जबरन,
कई लोग दुनिया में काफ़िर न होते

अजी गुफ़्तगू होती सीधी ख़ुदा से,
अगर बीच में कुछ पयम्बर न होते

अगर **अब्र** मुंह पर तू हर सच न कहता,
धंसे पीठ में तेरी ख़ंजर न होते

----

64. ग़ज़ल

मिली हवाओं में उड़ने की ये सज़ा ऐ दोस्त,
मेरा ज़मीन से नाता ही कट गया ऐ दोस्त.

सोया अंदर मेरे शैतां जो था वो जाग गया,
जब ज़माने ने मुझे कह दिया ख़ुदा ऐ दोस्त.

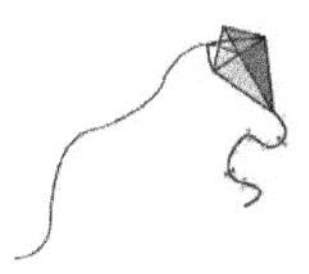

हाथ हर इक से मिलाने में हर्ज क्या लेकिन,
नये लोगों से गले सोच के मिलना ऐ दोस्त.

लगा कि वक़्त ये वीणा के तार छेड़ गया,
ख़याल उसका जो छूकर गुज़र गया ऐ दोस्त.

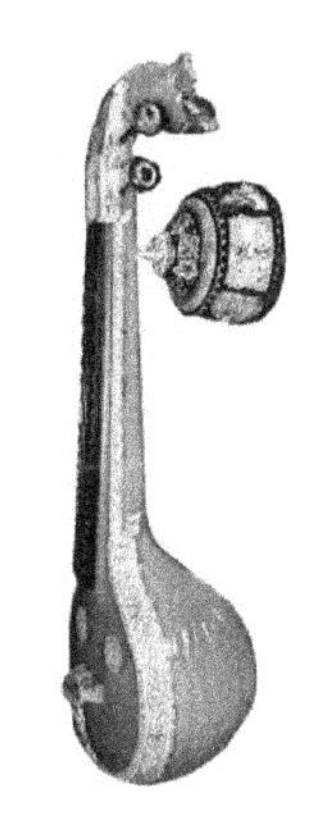

देके दिल गुर्दा जिगर मरते-मरते ग़ैरों को,
अपनापन क्या है वो ज़िन्दों से कह गया ऐ दोस्त.

रुत भली हो तो दें बयार या फिर साया दें,
चल पढ़ें ग़ौर से पेड़ों का फ़लसफ़ा ऐ दोस्त.

65. गीतिका

५ अगस्त, *धारा 370 की समाप्ति पर विशेष*

फ़ैसले अब न टलेंगे मित्रों,
पाप अब सारे धुलेंगे मित्रों.

होम करते हुए शिवभक्तों के,
हाथ भी अब न जलेंगे मित्रों.

अंत आतंक का सुनिश्चित है,
और अंधेरे भी ढलेंगे मित्रों.

शीघ्र आएगा रामराज्य भी अब,
आर्यजन फूले-फलेंगे मित्रों.

देवभूमि पर जिनकी दुर्दृष्टि,
गिद्ध वो हाथ मलेंगे मित्रों.

नागफ़नियों के दिन हुए पूरे,
फूल केसर के खिलेंगे मित्रों.

पापियों को नरक पठाकर हम,
फिर नया स्वर्ग रचेंगे मित्रों.

66. ग़ज़ल

तीर तो है, कमां नहीं है क्या?
तेरे मुंह में ज़ुबां नहीं है क्या?

ताकता क्यूं है आसमानों[1] को,
ये ज़मीं मेहरबां नहीं है क्या?

मौत का कैसा डर कि धरती पर,
ज़िन्दगी जावेदां[2] नहीं है क्या?

देखता तू नहीं अख़बार, नई
कोई सुर्खी वहां नहीं है क्या?

तेरे अश'आर[3] में वज़न ही नहीं,
दर्द दिल में निहां[4] नहीं है क्या?

बात हर लब[5] से बयां हो क्यूंकर,
आंख से कुछ अयां[6] नहीं है क्या?

सूनापन आंखों में क्यूं जीवन में,
अब वो दिलकश समां[7] नहीं है क्या?

लहजा आतिशफ़िशां[8] तेरा, तुझ पर,
वक़्त अब गुलफ़िशां[9] नहीं है क्या?

फैलती सिमटती ख़लाओं[10] के,
बीच कोई कहकशां[11] नहीं है क्या?#

तल्ख़ सच[12] कहने वाले पास तेरे,
ख़ूबसूरत गुमां[13] नहीं है क्या?

तिश्नालब[14] डाल नज़र सहरा पर,
देख नख़लीस्तां[15] नहीं है क्या?

लैला मजनूं के किस्से सदियों से,
क्यूं! नई दास्तां[16] नहीं है क्या?

शोले चुपचाप सुलगते क्यूं हैं,
उनमें बाकी धुआं नहीं है क्या?

तेरे परचम पे कबूतर, लिल्लाह[17],
बाज़ वाला निशां नहीं है क्या?

बात करता है नाप-तोल के तू
आग ख़ूं में रवां[18] नहीं है क्या?

इस उमर में गुरेज़[19] सहबा[20] से,
कोई ख़्वाहिश जवां नहीं है क्या?

बीच मत ला ख़ुदा को तेरे-मेरे,
रिश्ता कुछ दरमियां[21] नहीं है क्या?

जन्नत उसकी तो जहाँ भी उसका
जो वहां है यहां नहीं है क्या?

सदरे-लश्कर[22] का आख़िरी ये सफ़र,
पीछे वो कारवां नहीं है क्या?

गुफ़्तगू[23] सिर्फ़ क़लम काग़ज़ से,
एक भी राज़दां[24] नहीं है क्या?

दोस्ताने की मिसालों[25] के लिए,
अपना हिन्दोस्तां नहीं है क्या?

अब्र काहे फिरे बंजारों सा,
तेरा ज़ाती[26] मकां नहीं है क्या ?

....

*1. Towards skies/heaven, 2. Immortal, 3. Plural of शेर or Verses,
4. Embedded, 5. Lips, 6. Expressed, 7. Captivating scenery, 8. Spitting fire,
9. Sprinkling flowers, 10. Empty spaces, 11. Milky way, 12. Bitter, truth,
13. Beautiful fallacy, 14. Thirsty/प्यासा, 15. Oasis, 16. Fiction,
17. भगवान के लिए, For the sake of god, 18. Flowing, 19. Abstinence,
20. Liquor, 21. In between, 22. Army chief, 23. Communication,
24. Confidante, 25. Examples/References, 26. Own*

Series of ghazals on 'Baat"
(बात शब्द पर ग़ज़लनुमा रचनाओं की श्रृंखला)

----

67. बातें कर

पंख खोले थे जहां, बस वहीं की बातें कर,
उड़ आसमान में लेकिन, ज़मीं की बातें कर.

चांद की क्या है हक़ीकत, किसे नहीं मालूम,
चल उठा जाम, किसी महजबीं[1] की बातें कर.

ख़ौफ़ क्या रहज़नों[2] का, राह की दुश्वारी का,
बस अपने हौसलों, अपने यक़ीं की बातें कर.

जल गया आशियां, जलने दे फिर बना लेंगे,
हमनशीं बच गया ना, हमनशीं[3] की बातें कर.

कैसा इंसां है वो कह, उसकी आरती न उतार,
मकां का ज़िक्र न कर, बस मकीं[5] की बातें कर.

मय की तासीर **अब्र**, सोच बढ़ाई किसने,
नशे को ताक पे रख, आबगीं[6] की बातें कर.

1. चाँद सी सुन्दर स्त्री Beautiful girl, 2. डाकू dacoits, 3. साथी companion,
4. महानता greatness; 5. निवासी occupant, 6. प्याला, wine glass

68. बात न कर

तू बात बात पे बेचारगी की बात न कर.
ज़र्फ़[1] को अपने परख बेबसी की बात न कर.

ज़िन्दगी मय है, जहाँ मैक़दा, ख़ुदा साक़ी,
इतना होते हुए तू तिश्नगी[2] की बात न कर.

ख़ुमार ताक़तो-शोहरत का क़ामयाबी का,
जब तलक सर पे है तू बेख़ुदी की बात न कर.

कुंडली मार के बैठा है ज़मीनो-ज़र पर,
सूफ़ियों की तरह आसूदगी[3] की बात न कर.

कीड़ा नफ़रत या अदावत[4] का ज़ेहन में तेरे,
रेंगता है तो उसकी बन्दगी की बात न कर.

ज़र्रे-ज़र्रे में कायनात के जो है उसकी
ख़ास जगहों पे ही मौजूदगी की बात न कर

लूट के माल को हक़ अपना कहने वाले तू,
दीनो-ईमान या नेकी-बदी की बात न कर.

बाख़ुदा यार बार-बार शुक्रिया कहकर,
दोस्ती के लिए शर्मिंदगी की बात कर.

तू महावीर नहीं बुद्ध नहीं घर को संभाल,
जोग की आड़ में आवारगी की बात न कर

हाल अपना ही जो रो रोके सुनाना है तो फिर,
सर पटक पत्थरों पे शायरी की बात न कर.

हर चढ़ावे के एवज़ या ज़कात के बदले,
रब से कुछ मांग के बनियागिरी की बात न कर.

क़द्र किसको है यहां मुफ़्त मिली चीज़ों की,
हर जगह **अब्र** तू दरियादिली की बात न कर.

....
१. मनोबल, २. प्यास, ३. तृप्तिभाव, ४. शत्रुता

69. बात भी कर

दवा तो चल ही रही है, दुआ की बात भी कर.
सज़ा भी मिल ही रही है, जज़ा[1] की बात भी कर.

फ़िज़ा में ज़हर सही, नेकियां भी ज़िन्दा हैं,
इसलिए दोस्त तू, ताज़ा हवा की बात भी कर.

कौन ख़ुदगर्ज़ जहाँ में नहीं, कर ख़ुद से सवाल,
छोड़ शिकवा-ए-जफ़ा[2] चल वफ़ा की बात भी कर.

कल ख़मोशी जो खड़ी थी, पसे-ए-पर्दा-हया[3],
हो जो मुमकिन, ज़रा उसकी सदा की बात भी कर.

भले हर फ़तह का तमग़ा[4], सजा ले सीने पर,
कभी कभी सही, रब की रज़ा[5] की बात भी कर.

अब यूं रूह हर इक शख़्स की लाफ़ानी[6] है,
तू मिसालों में मिले, उस बक़ा[7] की बात भी कर.

1. कृपा, 2. बेवफ़ाई की शिकायत, 3. शर्म के पर्दे के पीछे, 4. मेडल, 5. स्वीकृति,
6. नष्ट न होने वाली, 7. नित्यता या अमरत्व

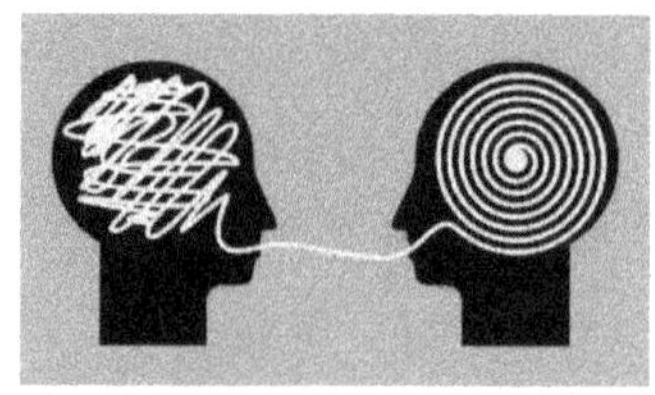

70. बातें सुन

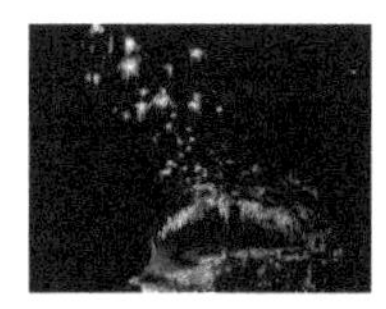

पेड़ पौधों की नदी परबतों की बातें सुन.
उड़ती चिड़ियों टिमकते जुगनुओं की बातें सुन.

किसी आहट पे जो थमती हैं या बढ़ जाती हैं,
तू कभी दिल की उन्हीं धड़कनों की बातें सुन.

वो जो नाकामियों के परबतों के पार मिलीं,
क़ामयाबी से उन्हीं मंज़िलों की बातें सुन.

क्यूं है इंसाफ़ की देवी की आंख पर पट्टी,
ख़ुद समझ जाएगा इन कटघरों की बातें सुन.

जान महलों में बेटियों के जनम लेने का दुख,
झांक इतिहास में शहज़ादियों की बातें सुन.

दास्तां सुननी हो इंसां की बरबरीयत की,
अब्र सुनसान सिसकते क़िलों की बातें सुन.

71. बात समझ

नींद ना आने की क्या है वजह ये बात समझ.
किसलिए है तेरी ख़ुद से जिरह ये बात समझ.

दिल तो कुछ और कहे, ज़ेहन करे और ही कुछ,
उनमें क्यूं हो नहीं पाती सुलह ये बात समझ.

हुस्ने-माशूक़ तो कबका हुआ रुख़सत लेकिन,
उसके रुख से न हटे क्यूं निगह ये बात समझ.

दोस्त से राज़दां बनने का सफ़र लम्बा है,
हर जगह खुलती नहीं हर गिरह ये बात समझ.

धुंध में घर से निकलने में दिक्कतें हैं मगर,
उजली हर दिन नहीं होती सुबह ये बात समझ.

सोच मत किसने तुझे समझा किसने ना समझा,
सबकी होती नहीं सबसे निबह ये बात समझ.

अब्र था तेरे मुक़ाबिल जो तुझसे बेहतर और,
सबको हर दिन नहीं मिलती फ़तह ये बात समझ.

....

72. बात भली

बात छोटी बड़ी नहीं होती, काम आ जाए जो वो बात भली.
ख़ास या आम भी नहीं होती, मन को भा जाए जो वो बात भली

जब ख़यालों को तू उलझा पाए, बिना कंघी किए बालों की तरह,
खोलकर ज़ेहन में पड़ी गाँठें, मसले सुलझाए जो वो बात भली.

हौसला जब तेरा लुढ़कने लगे, ग़म की गहरी अंधेरी खाई में,
फेंककर आस की रस्सी ऊपर, को लिवा लाए जो वो बात भली.

बेवफ़ा नींद रूठकर जब-जब, तेरे बिस्तर से दूर जा बैठे,
बैठ सिरहाने मीठी बातों से, तुझको बहलाए जो वो बात भली.

घर में तन्हाइयों का शोर अगर, ख़ामोशी के सुकून को तोड़े,
तब तो वाजिब है दूर जंगल में, तुझको ले जाए जो वो बात भली.

अब्र ढर्रे से रोज़मर्रा के, दोस्त उकता गया है सच बेहद,
अब हो आवारगी कि मैनोशी, उसको रास आए जो वो बात भली

....

73. कोई बात हुई

न गुफ़्तगू न ख़िताबत, ये कोई बात हुई,
न इक सलाम की फुर्सत, ये कोई बात हुई!

जिसने बरसों तुझे, साया दिया था पेड़ वही,
लग रहा आज मुसीबत, ये कोई बात हुई!

दर्द अपनों का सुना, और न आह ग़ैरों की,
सुबह से शाम इबादत, ये कोई बात हुई!

कुर्सी मिलते ही मियां, भूलकर अवाम का दुख,
सिर्फ़ आकाओं की ख़िदमत, ये कोई बात हुई!

कर्म करते ही दोस्त, फल का तकाज़ा रब से,
दे उसे भी थोड़ी मोहलत, ये कोई बात हुई!

पाया मेहनत औ' लियाक़त से ज़ियादा फिर भी,
नित नये शिकवे-शिकायत, ये कोई बात हुई!

तुझको दौलत मिली ताक़त मिली, रुतबा भी मिला,
पर नदारद है शराफ़त, ये कोई बात हुई!

अब्र जैसे ही हुआ, घोड़े पे शोहरत के सवार,
आजिज़ी को किया रुख़सत, ये कोई बात हुई!

....

74. ग़ज़ल

गो आइने सा पुंछके मैं निखरा भी नहीं हूं,
शीशे की तरह टूट के छितरा भी नहीं हूं

गिर्दाब[1] से सांसों ने जंग छेड़ रखी है -
डूबा न समझिए, भले उभरा भी नहीं हूं

है उम्र ये ढलान पर, सुनता हूं मैं ऊंचा,
पर याद रख ज़मीर, मैं बहरा भी नहीं हूं

रफ़्तार घटा दी है, कि पैरों को दम मिले,
मंज़िल! कहीं पे थक के मैं ठहरा भी नहीं हूं

मिंबर[2] की सीढ़ियों पे चढ़ूं, सोचता नहीं,
नज़रों के पायदान से, उतरा भी नहीं हूं

ना शाह ना वज़ीर ना मैं **अब्र** शहसवार[3],
लेकिन किसी बिसात[4] का, मोहरा भी नहीं हूं

----

1. गिर्दाब = भंवर *whirlpool*; 2. मिंबर = वह स्टेज जिस पर चढ़कर पवित्र प्रवचन दिए जाते हैं; 3. शहसवार = घुड़सवार; 4. बिसात = *Chess board*.

....

75. ग़ज़ल

कभी अहमक़ों[1] के, तो कभी फ़ितनागरों[2] के हाथ,
बिकती रही अवाम[3] तो, सौदागरों के हाथ!

पानी बताते आग को, बाज़ों को कबूतर,
करतब दिखाके लूटते, जादूगरों के हाथ!

हर दौर में होते रहे, तामीर नये ताज
हर दौर में कटते रहे, कारीगरों के हाथ!

गिरिजों की मस्ज़िदों की, रौनक़ों को बढ़ाते,
देखो कटे-फटे, छिले, शीशागरों[4] के हाथ!

जब भी हुई है पस्त सेहत, रब वो ख़ुदबख़ुद
बनकर के शिफ़ा उतरा है, चारागरों के हाथ!

ताजिर[5] ने *अब्र* देख, करोड़ों कमा लिए
मिट्टी ही में लिथड़े रहे, कूज़ागरों के हाथ!

----

1. अहमक़ = Cynical, Idiot; 2. अवाम = Public; 3. फ़ितनागर = Cunning; 4. शीशागर
= खिड़की के कांच बैठाने वाला; 5. ताजिर = Businessman

----

76. ग़ज़लनुमा - सिपाही

सोंधी मिट्टी के हम गढ़े हैं हुज़ूर
साफ़ पानी भरे घड़े हैं हुज़ूर.

अपनी मिट्टी से बस जुड़े हैं हुज़ूर,
देसी इस्कूल के पढ़े हैं हुज़ूर.

पंख हालात ने कतर रक्खे,
फिर भी थोड़ा-बहुत उड़े हैं हुज़ूर.

ख़ुद को माना कभी ज़हीन नहीं,
पर जहालत से हम लड़े हैं हुज़ूर.

शेक्सपीयर की बातें क्या समझें,
तुलसी ग़ालिब मगर पढ़े हैं हुज़ूर.

आप एवरेस्ट पर हिलेरी सही,
हम भी बन तेनज़िंग चढ़े हैं हुज़ूर.

हम वो सरहद पे बनी दीवारें,
जो कि पीछे कहां मुड़े हैं हुज़ूर.

....

77. ग़ज़ल

ख़ौफ़ क्यूं आइने से खाती है,
उम्र सब पर असर दिखाती है।

हो सिकंदर कि हकीमे-आला,
मौत कब किससे मात खाती है।

जिसको आंखों में बसाया था कभी,
मुझको आंखें वही दिखाती है।

आंख कर बंद उतर आएगी,
शक्ल जो जी को तेरे भाती है।

जो सड़क मंज़िलों को ले जाती,
फ़ासले घर से भी बढ़ाती है।

अपनी मेहनत से ज़्यादा पाने की,
ख़्वाहिश हर दिल में कुलबुलाती है।

ज़िंदगी तू तो मां है बकरे की,
ख़ैर किसके लिए मनाती है।

78. कोविड और हम A

एक सन्नाटा हर सू[1] पसरा है,
सबको अनदेखी शै[2] का ख़तरा है

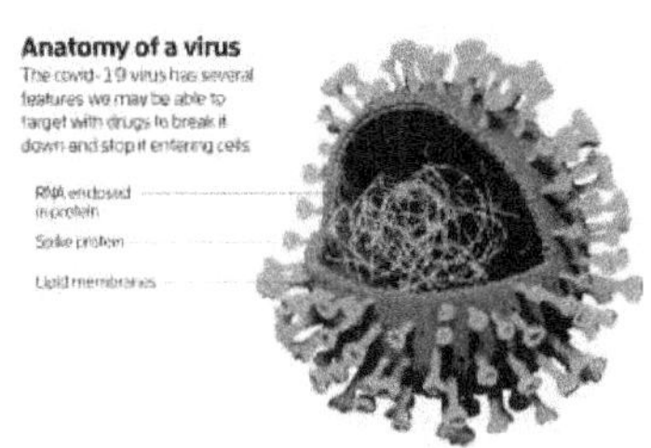

क़ाफ़िला जैसे ख़ूनी नादिर का,
हर नगर हर डगर से गुज़रा है.

आज को ढांक घर के पर्दें में,
गुज़रा कल ही ख़बर में उभरा है

चीखें रुकती नहीं खमोशी की,
तूफ़ां किश्तों में रोज़ गुज़रा है!

अश्क पल्कों पे आके सूख गये
जैसे सैलाब[3] हुआ क़तरा है

ज़िंदगी बेवा[4] लगे, मौत का रूप,
फिर से दुल्हन की तरह निखरा है

जो पहाड़ों को रौंदता आया,
डर से जर्सूम[5] के इक सिहरा है

ख़ुद को फ़ौलाद समझने वाला,
इंसां बोतल सा टूट बिखरा है

आदमी है ही आदतन मुजरिम,
कब सज़ा पाए बिना सुधरा है!

....

1. हर सू = Everywhere; 2. शै = Entity; 3. सैलाब = Flood; 4. बेवा = Widow; 5.
जर्सूम = Microorganism like a Virus or a bacterium

....

79. कोविड और हम B

हर काम ख़ुद ही करने में जान जा रही है,
पर हौसलों में यारों नई जान आ रही है.

आंखें चुरा रहा था अंदर का ख़ौफ़ जिनसे,
उन मुश्किलों से हिम्मत आंखें मिला रही हैं.

क्यूं ज़िक्र गये कल का, तू सोच नये कल की,
हर इक चुनौती आज में जीना सिखा रही है.

तक़दीर का क्यूं रोना जब सब हैं मुसीबत में,
बस दोस्तों की ढाढस हिम्मत बढ़ा रही है.

चुपचाप बैठो घर पर, है वक़्त का तकाज़ा
जैसी है यही ज़िंदगी मुझे रास आ रही है

हर कोई निबटने की, ठाने है कोरोना से,
कुछ लोगों की घबराहट, पर छटपटा रही है.

....

80. ग़ैर मुरद्दफ़ ग़ज़ल

मसरूफ़ियात, हादसे, मायूसियों का बोझ,
इन सबके बीच यार तू, थोड़ी हंसी भी खोज।

दुनिया को कुछ दिखाने, बहुत जी चुका है तू,
जी ख़ुद को देखने को भी, **जी** भरके एक रोज़।

गुलदान घर के फूलों से, बेशक सजा मगर,
मुस्कान कभी अधखिली, कलियों की तू न नोच।

चट्टान से टकरा के, उछलती थी जो अक्सर,
साहिल पे सुकूं से हमें सोती मिली वो मौज।

मज़हब को कोई थामे हुए, किसी को मज़हब,
तन्हा लगे क्यूं मुल्क, दोस्त! ये भी ज़रा सोच।

ज़ेहनों को चाट खाय जो, तक़रीरों की दीमक,
तो किसकी हिफ़ाज़त करे, सरहद पे खड़ी फ़ौज।

....

81. ग़ज़ल

अंदरूनी दरारें पहले सब भरी जाएं;
किले की बाहरी दीवारें फिर गढ़ी जाएं;

एक फ़ौजी भी अगर दुश्मनों का ज़िंदा है,
जीत के जश्न की तैय्यारियाँ न की जाएं!

क्यारियाँ फूलों की फिर बाग़ में लगा लेना,
नागफ़नियाँ ज़मीं से पहले उखाड़ी जाएं!

घरों के भेदियों को खींच के चौराहों पर
गोलियाँ सीधे सरों ही में उतारी जाएं!

जीत का ताज पहनना है अगर अपने सर,
तोहमतें हार की औरों पे ना मढ़ी जाएं!

नसें टटोल ले अव्वल, चलाना फिर नश्तर,
उंगलियां गर्म कड़ाही में न डाली जाएं!

फ़तह की शर्त है ताक़त भी अक्लमंदी भी,
सारी जंगें भला मैदां में क्यूं लड़ी जाएं!

आज की हल्की चुभन कल न गैंगरीन बने
फांसें पैरों में चुभीं जल्द निकाली जाएं!

जंग में क़त्ल तो जायज़ है मगर लाशों की,
पगड़ियाँ भूले से, पाँवों न उछाली जाएं!

....

82. ग़ज़ल

लुत्फ़ किसको मिला अकेले में, ज़िंदगी की शराब पीने का;
तू भी महफ़िल तो सजा यारों की, देख फिर क्या है मज़ा जीने का!

चारागर झाँक मन में रोगी के, सोचना फिर इलाज कैसे हो;
पीब भीतर जब रिसे तब क्यूँ, सिर्फ़ बाहर से ज़ख़्म सीने का!

गुरू था ज्ञानवान पर उसने, ज्ञान बाँटा ही नहीं शिष्यों में;
मोल पत्थर का है, तिजोरी में बंद रक्खे हुए नगीने का!

मौजें तूफ़ान के इशारे पर, जब उड़ेलें जहाज़ में पानी,
फेंक सामान तू बाहर वरना, डूबना तय तेरे सफ़ीने का!

ताज को देख वो बोला पैसा, स्वर्ग धरती पे बना सकता है;
अब्र बोला, नहीं ये जादू है, हुनरमंदी का और पसीने का!

....

83. ग़ज़ल

शर्म क्या मानने में काम हर इक, इक अकेले से हो नहीं सकता!
तू भी शामिल है अगर, साबित कर, बिन तेरे भी वो हो नहीं सकता!

याद रख अपने वज़न से औरों, को दबाया तो ख़ुद भी डूबेगा;
थाम साँसें जो लेटा पानी पर, उसको दरिया डुबो नहीं सकता!

टूटी सांसों की डोर मुमकिन है, वैद अपने जतन से जोड़ भी ले;
टूटी माला जो यक़ीं की, मोती, प्यार के तू पिरो नहीं सकता!

रिश्ते-नातों के, मोह-माया के, साथ जी, उनमें मगर जज़्ब न हो,
ताल में ज्यों कि कमल का पत्ता, जिसको पानी भिगो नहीं सकता!

ऑडियो वीडियो ने आज हमें, गुज़रा कल क्या था ये दिखाया है,
दे दुआ साइंस को जिसे ज़रिए, इंसाँ क्या कुछ संजो नहीं सकता!

रब तेरा तुझमें हमेशा मौजूद, **अब्र** तेरे ज़मीर के घर में,
न नज़र आए उजाले में तो क्या, वो अंधेरे में खो नहीं सकता!

----

84. ग़ज़ल

कहीं चढ़ाईयाँ आईं कहीं ऊबड़-खाबड़, काई फिसलन भरी बिछी थी कहीं;
दोस्त! शायद ही किसी बिरले को, ज़िंदगी की मिली समतल सी ज़मीं!

तपे तवे सा ज़मीं को बनाए धूप कभी, सर मुंडाते ही कभी ओले पड़ें;
मौसमों का रहा कब एक मिज़ाज, बाग़ हर रुत में कब लगा है हसीं!

किसी के पेट में बैठी जमकर, भूख दो रोटियों की आस लिए;
किसी के थाल हैं पकवान भरे, पास उसके ये फटकती भी नहीं!

चाकरी भी करे उन्हीं की सेहत, प्यार से जो रखे ख़याल उसका,
स्वर्ग सा सुख भी दे ये धरती पर, नर्क भी ये मुई दिखाए यहीं!

तेरे बस में है फ़क़त तेरे करम, जीते जी बस निभाए जा ये धरम;
फल सभी का मिले ज़रूरी नहीं, और न क़िस्मत पे किए बैठ यक़ीं!

गुज़रा कल पिछला जनम था तेरा, आने वाला कल होगा अगला जनम;
पास तेरे है **अब्र** सिर्फ़ ये आज, जो भी करना है कर अभी औ' यहीं!

चुनिंदा ग़ज़लें, by Dr. Vijay Singh Chauhan
Law & Justice series – 10 titles

01. ग़ज़ल (न्याय) 1. क्या ग़लत क्या सही पे जब कभी छिड़ी है *बहस*

02. ग़ज़ल (न्याय) 2. ज़ुल्म का राज मिटाने को बने हैं *क़ानून*

03. ग़ज़ल (न्याय) 3A. गिरतों को उठाने को बनी हैं *अदालतें*

04. ग़ज़ल (न्याय) 3B. इंसाफ़ सभी को जहां मिले वह *न्यायालय*

05. ग़ज़ल (न्याय) 4. हथियार दिलेरी को बनाकर खड़ा *गवाह*

06. ग़ज़ल (न्याय) 5. हर किसी के लिए इंसाफ़ जो मांगे वो *वकील*

07. ग़ज़ल (न्याय) 6. किसी मज़लूम की कुचली हुई कराह *सबूत*

08. ग़ज़ल (न्याय) 7A. इसको पहचानिए सरकार ये *मुवक्किल* है

09. ग़ज़ल (न्याय) 7B. वो वकीलों से परेशान, *मुवक्किल* है जनाब

10. ग़ज़ल (न्याय) 8. अच्छे भले ब्यौपार बिगाड़े ये *मुक़दमे*

11. ग़ज़ल (न्याय) 9. क़ानून की सरहद का पासबान है *मुंसिफ़*

12. ग़ज़ल (न्याय) 10. जायज़ हुक़ूक़ सबके दिला पाए वो *इंसाफ़*

85. बहस Courtroom Argument (1)

क्या ग़लत क्या सही पे जब कभी छिड़ी है बहस.
तू ग़लत मैं सही पे आके बस रुकी है बहस.

सर झुकाया गया है सच का जब अदालत में,
झूठ की पीठ थपथपाती तब मिली है बहस.

ये किताबों के हवाले, ये दलीलें ये वकील,
इन्हीं के जाल में सदियों से बस फंसी है बहस.

देख इंसाफ़ की देवी की आंखों पर पट्टी,
और बंधे हाथों पे क़ानून के हंसी है बहस.

फ़ैसलों के सरों को दर पे झुकाती है सदा,
हमको शातिर सी तवायफ़ कोई लगी है बहस.

अब्र बेरहमी से दिन में करे सचाई का ख़ून
रात को रोती-सुबकती मगर दिखी है बहस.

86. क़ानून Law (2)

ज़ुल्म का राज मिटाने को बने हैं क़ानून;
दर्द इन्सां का घटाने को बने हैं क़ानून;

जुर्म के डर को भगाने को बने हैं क़ानून!
सबको इंसाफ़ दिलाने को बने हैं क़ानून!

ख़ुद को बेख़ौफ़ बताते हैं बताने को मगर,
ईंट-पत्थर से या नारों से डरे हैं क़ानून!

जब भी जम्हूरियत के नाम से हड़काए गये,
पीछे नेताओं के चुपचाच चले हैं क़ानून!

पट्टी आंखों पे बंधी और अगर गवाह नहीं,
हाथ बांधे किसी कोने में खड़े हैं क़ानून!

इन्हें सबूतों की लाठी जो थमाई न गयी,
दो क़दम चलते ही थककर के गिरे हैं क़ानून!

हैं कचहरी में शेर भीड़ से घबराके मगर,
किसी महफ़ूज़ जगह, जाके छिपे हैं क़ानून!

हो संविधान की धारा या शोर संसद का,
वक़्त की चक्की के पाटों में पिसे हैं क़ानून!

रोज़ जपते हुए माला नयी नैतिकता की,
आम जनता की ही पीठों पे लदे हैं क़ानून!

----

87. अदालत Court (3A)

गिरतों को उठाने को बनी हैं अदालतें;
मरतों को जिलाने को बनी हैं अदालतें!

रुतबे या पहुंच से नहीं इंसाफ़ का नाता,
इस सच को बताने को बनी हैं अदालतें!

होने न लगे बस्तियों पे ज़ुल्मतों[1] का राज,
सो ज़ुल्म मिटाने को बनी हैं अदालतें!

जायज़ नहीं है लूट तिजारत[2] की आड़ में,
ये सबक़ सिखाने को बनी हैं अदालतें!

मासूमों के चेहरे मली कालिख को पोंछकर
धब्बों को मिटाने को बनी हैं अदालतें!

गर जुर्म यां किया तो सज़ा भी यहीं भुगत,
यह पाठ पढ़ाने को बनी हैं अदालतें!

मुंसिफ[3] है नुमाइंदा[4] खुदा का जहान में,
अहसास दिलाने को बनी हैं अदालतें!

क़ानून की निगाह में कोई आम है न ख़ास,
खुलकर ये जताने को बनी हैं अदालतें!

....

1. अंधेरों, 2. व्यापार, 3. जज, 4. प्रतिनिधि

88. न्यायालय Court (3B)

इंसाफ़ सभी को जहां मिले वह न्यायालय!
और सत्य न जाए जहां छले, वह न्यायालय!

वो जगह पहुंचकर जहां, शोषितों के मन में,
निर्भय होने का भाव पले, वह न्यायालय!

निर्णय हो पक्ष में वादी के, प्रतिवादी के[1],
लेकिन न फ़ैसले जहां टले, वह न्यायालय!

बन जाएं ज़ख़्म नासूर न हो जो सही इलाज,
सो घाव दुखी का जहां सिले, वह न्यायालय!

डर अपराधी को लगे अगर, कुछ हर्ज नहीं,
मासूम से चेहरे जहां खिले, वह न्यायालय!

जो धूल झोंकते आए, पुलिस की आँखों में,
उनकी न जहां पर दाल गले, वह न्यायालय!

तज हर पूर्वाग्रह मानवता का हाथ थाम,
जो नित्य सत्य की राह चले, वह न्यायालय!

----

1. वादी प्रतिवादी / Plaintiff and Defendant

89. गवाह Human Testimony (4)

हथियार दिलेरी को बनाकर खड़ा गवाह!
दुनिया को सच बताने की ज़िद पर अड़ा गवाह!

चेहरे का नूर उसके निखर आया ज़ियादा,
जब-जब भी अंधेरों से अकेला भिड़ा गवाह!

क़द उसका लगा तब हमें क़ानून से बड़ा,
जब बेगुनाह के साथ खड़ा हो गया गवाह!

उसके बयान को न दी जो जज ने तवज्जो,
टूटा सा अपना दिल लिए रोता रहा गवाह!

गंगा में स्नान बिन किए पवित्र वो लगा,
दामन के दाग़ जब किसी के धो गया गवाह!

बच्चे बिलखते देखे जो दिन-रात भूख से,
ईमानो-दीन भूल गया, बिक गया गवाह!

इंसाफ़ की देवी दिखी रोती हुई अक्सर,
जब भी ज़मीर बेचता देखा नया गवाह!

बाइबल क़ुरान गीता शर्मसार सब हुए,
खाकर क़सम हमारी ये क्या कह गया गवाह!

ख़ूंखार मुजरिमों को तो यमराज सा लगा,
मासूम थे जो उनको फ़रिश्ता लगा गवाह!

----

90. वकील Lawyer (5)

हर किसी के लिए इंसाफ़ जो मांगे वो वकील,
पर न हद कोई भी क़ानून की लाँघे वो वकील

जो क़िताबों की फ़क़त धूल न फाँके वो वकील,
उनकी गहराइयों में ठीक से झाँके वो वकील!

सारे क़ानूनी दाँव-पेंच जो जाने वो वकील!
हार को जीत बनाने की जो ठाने वो वकील!

केस बातिल[1] का लड़ा, फ़ैसला ख़िलाफ़ गया,
कर्म-फल के अदेखे लेख में माने वो वकील!

'गर यक़ीं उसको, खड़ा साथ वो सच्चाई के,
तो मुवक्किल के लिए जान लड़ा दे वो वकील!

जो गवाहों के हर इक झूठ को उजागर कर,
हर हक़ीक़त जहाँ के सामने ला दे वो वकील!

जीत के ताज को रखकर के सर मुवक्किल के,
हार के हार को अपने गले बाँधे वो वकील!

कभी जिरह की बिना[2] पर तो कभी देके दलील,
हर ग़लत बात की जो काट निकाले वो वकील!

नाउमीदी के समंदर में लगाकर ग़ोता,
मोती मूंगे जो उमीदों के निकाले वो वकील!

बहस की आँधियां हों, नाव केस की डोले,
बदल के पाल जो पतवार संभाले वो वकील!

झुण्ड में मुजरिमों के घुसके हर ज़रूरी सबूत,
पैनी नज़रें लिए जो ढूंढ निकाले वो वकील!

फेंककर जुर्म की हर झील में कुछ जाल बड़े,
हर गुनहगार को जो उसमें फंसा ले वो वकील!

अब्र क़ानूनी दफ़ाओं के हर शिकंजे से,
बेगुनाह शख़्स की जो जान बचा ले वो वकील!

----

1. झूठा आदमी, 2 आधार

91. सबूत Material Evidence (6)

किसी मज़लूम की कुचली हुई कराह सबूत,
सब गवाहों से हैं बढ़कर अहम गवाह सबूत!

बेगुनाहों को मकड़जाल से जिरह के छुड़ा,
थपथपी देके दिखाए सुकूं की राह सबूत!

बारहा क़ातिलों को दार[1] तलक पहुंचाने,
अंधे क़ानून की बन जाए ख़ुद निगाह सबूत!

जज का जूरी के मश्वरों से इत्तेफ़ाक़ न था,
ऐसे वक़्त आये थे लेकर सही सलाह सबूत!

ये ही मासूमों को अक्सर छुड़ाते बाइज़्ज़त,
मुजरिमों की करे दुनिया यही तबाह सबूत!

शिकार जिनकी हवस का हुई कलियाँ मासूम,
ऐसे हैवानों की बनते शिकारगाह सबूत!

चंद ख़ुदग़र्ज़ों ने जाली सबूत पैदा किए,
वक़्त का कैसा सितम, ख़ुद बने गुनाह सबूत!

कहीं बांधे ये जश्न का कहीं मातम का समाँ,
आह निकली कहीं, कुछ बोले वाह-वाह सबूत!

----

1. सूली

92. मुवक्किल Lawyer's client (7A)

इसको पहचानिए सरकार ये मुवक्किल[1] है,
इसको समझें न ख़तावार[2] ये मुवक्किल है!

इसके इल्ज़ाम पे लगी नहीं कोरट[3] की मुहर,
मत कहें इसको गुनहगार ये मुवक्किल है!

बाहुबलियों के ख़िलाफ़ इसने गवाही दे दी,
हो गया ख़ुद ही गिरफ़्तार ये मुवक्किल है!

अपने हालात से बेज़ार ये मुवक्किल है,
है ये बीमार ये लाचार[4] ये मुवक्किल है!

झाँककर आँखों में सच-झूठ समझ जाते हैं आप,
इसका पहचानिए आज़ार[5] ये मुवक्किल है!

पढ़ते हैं आप तो ख़त बंद लिफ़ाफ़े में रखा,
इसकी आँखें पढ़ें सरकार ये मुवक्किल है!

आगे दाई[6] के कब औरत ने पेट ढाँपा है,
इसका कर लीजे ऐतबार ये मुवक्किल है!

----

1. Lawyer's client; 2. Offender; 3. Court - in villager's language; 4. Helpless; 5. Disease/problem; 6.Midwife

93. मुवक्किल Lawyer's client (7B)

वो वकीलों से परेशान, मुवक्किल है जनाब;
ये वकीलों पे मेहरबान, मुवक्किल है जनाब!

धांधली करके जो छूटा, वो मुवक्किल था मेरा,
बिन किये कुछ है जो हैरान, मुवक्किल है जनाब!

इसके लॉक अप में बंद चेले हैं आवारा मगर,
इसका खद्दर पे है ईमान, मुवक्किल है जनाब!

हुए गवाहो-जिरह फ़ेल, हुई क्लाइंट को जेल,
क्यूं हो लॉयर ये पशेमान, मुवक्किल है जनाब!

नेक बंदा है ख़ुद खाता, भी है खिलाता भी,
उसका क़ानून निगहबान, मुवक्किल है जनाब!

हर्ज क्या 'गर वकील, केस से हो नावाक़िफ़,
है भरी जेब भी पहचान, मुवक्किल है जनाब!

छुड़ाके बेल पे मुजरिम को ख़ुश हुआ मैं बहुत,
चाहे जैसा हो वो इंसान, मुवक्किल है जनाब!

वो मुवक्किल ही रहा खुश हुआ जो ले के तलाक़ ,
और घर इसका बियाबान, मुवक्किल है जनाब!

न गवाहों को किया सेट, न जुटा पाया सबूत,
कैसे पर होने दूं क़ुर्बान, मुवक्किल है जनाब!

94. मुक़दमे Legal cases (8)

अच्छे भले ब्यौपार बिगाड़े ये मुक़दमे!
कितनों के ही घरबार उजाड़े ये मुक़दमे!

ख़ुशहाल से परिवार को बाँटे ये मुक़दमे,
दीमक की तरह पूंजी को चाटे ये मुक़दमे!

हालत गिनेचुनों की सुधारे ये मुक़दमे;
किसका नसीब फूटा सँवारे ये मुक़दमे!

मुद्दई हो कि मुद्दाले[1] दिलासा सभी को दें,
पर डूबतों को कब हैं उबारे ये मुक़दमे!

हो इंतज़ार जीत का कि हार का हो डर,
साँसत में जान सबकी ही डाले ये मुक़दमे!

क़ानूनी कारवाई का डर सबको दिखाकर,
बिगड़ों को सही राह पे लाए ये मुक़दमे!

हों शातिरों को घेरने में कामयाब जब,
इज़्ज़त समाज की भी बढ़ाए ये मुक़दमे!

----

1. वादी (Plaintiff) या प्रतिवादी (Defendant)

95. मुंसिफ़ Judge (9)

क़ानून की हर हद का पासबान[1] है मुंसिफ़!
इंसाफ़ की देवी का निगहबान है मुंसिफ़!

संजीदगी[2] ये ओढ़ ले कुर्सी पे बैठकर,
वरना सुना हंसता हुआ इंसान है मुंसिफ़!

मज़हब या किसी प्रांत से उसका नहीं नाता,
भारत के संविधान की पहचान है मुंसिफ़!

घर पर तो बड़े प्यार से बतियाता है सबसे,
इजलास[3] में हर रिश्ते से अंजान है मुंसिफ़!

जम्हूरियत[4] में यूं तो है आज़ाद भी ख़ुश भी,
बस खादीधारियों से परेशान है मुंसिफ़!

बातें घुमाने वालों से चिढ़ता है वो बहुत,
बस साफ़गोई[5] का ही क़द्रदान है मुंसिफ़!

जो जालसाज़ जलसा करें देश लूटकर,
उन सबके लिए क़ैद का फ़रमान है मुंसिफ़!

क़ानूनी महकमे का मुलाज़िम है वो मगर,
ईमान का दरबान है, दीवान[6] है मुंसिफ़!

----

1. रक्षक / Protector; 2. गंभीरता / Seriousness; 3. कचहरी / Courtroom; 4. गणतंत्र /
Democracy; 5. स्पष्टवादिता / Straight forwardness;   6. मुख्य सलाहकार / Chief Advisor

96. इंसाफ़ (10)

जायज़ हुक़ूक़[1] सबको दिला पाए वो इंसाफ़!
और अकड़ी गर्दनें जो झुका पाए वो इंसाफ़!

इंसानों से जो अब भी करें ढोरों[2] सा सलूक,
क़ानून की ताक़त उन्हें दिखलाए वो इंसाफ़!

ख़ुद को ख़ुदा जो समझे हैं दौलत के नशे में,
उनको ज़मीं पे खींचके ले आए वो इंसाफ़!

दुनियावी तरक़्क़ी के साथ साथ दिलों में,
शाइस्तगी[3] के फूल खिला पाए वो इंसाफ़!

औरों के हक़ पे बैठे हैं जो कुण्डली मारे,
जबरन उन्हें वहां से उठा पाए वो इंसाफ़!

दो रोटियां, लिबास, सर पे फूस का छप्पर,
इतने से भी महरूम न करवाए वो इंसाफ़!

जिस बदगुमाँ की सोच कि वो ठीक सब ग़लत,
परदे ज़ेहन से उसके सब हटाए वो इंसाफ़!

है क़बीलाई सोच[4] कि औरत भी है सामान,
नामो-निशां जो इसका मिटा जाए वो इंसाफ़!

....

1. अधिकार बहुवचन में; 2. पालतू जानवर; 3. शिष्टता, तहज़ीब; 4. *Tribal mindset*

97. ग़ज़लनुमा - बुज़ुर्गों के लिए

बोझ कैसा भी हो हंस-हंसके उठाया जाए,
हर कोई रिश्ता मुहब्बत से निभाया जाए!

नित नयी आस का इक दीप जलाया जाए,
नाउम्मीदी का हर इक नक़्श मिटाया जाए!

सूखी बंजर ज़मीं पे छोड़ के खेती का ख़याल,
Hair transplant से चेहरे को संवारा जाए!

ऊँचा सुनते हैं कान, चल लगा Hearing aid,
Pop music का ज़रा लुत्फ़ उठाया जाए!

काले चश्मों का शौक़ पूरा भी कर ले लेकिन,
पहले Cataract से तो पिण्ड छुड़ाया जाए!

करवा Replacement knee का, हो पैरों पे खड़ा,
शौक़ World tour का किस वास्ते मारा जाए!

Coronary हो कि सड़क jam तो लगते हैं मगर,
Stent या bypass को भूले से न टाला जाए!

कम से कम बीस बरस जीना है जो साठ के बाद
हर किसी लम्हे को मस्ती से गुज़ारा जाए!

98. ग़ज़लनुमा (मौजूदा हालात - भारत के)

नींद से जागने की कोशिश कर
सच से मत भागने की कोशिश कर!

देख माहौल और ख़तरों को
वक़्त पर भाँपने की कोशिश कर!

मुल्क में और शहर में क्या क्या
चल रहा जानने की कोशिश कर!

ख़बरें लगती हैं जो अफ़वाह तुझे
चल उन्हें छानने की कोशिश कर!

गर धुआँ है तो आग भी होगी
इतना बस मानने की कोशिश कर!

रख नज़र हर नये पड़ोसी पर
कौन है जानने की कोशिश कर!!

सबसे पहचान हो, ज़रूरी नहीं
सबको पहचानने की कोशिश कर!

बात ग़ैरों की सुनकर अपनों से
रार मत ठानने की कोशिश कर!

घर के कूड़े को जला आँगन में
मत उसे ढाँकने की कोशिश कर!

शत्रु दिखते ही निशाना सर का
ठीक से साधने की कोशिश कर!

चूहा बनकर छिपे ग़द्दारों को
ढूंढकर मारने की कोशिश कर!

आज के फ़ैसलों को भूले से
कल पे मत टालने की कोशिश कर!

**बुद्ध-वाणी से हृदय बदलेंगे?
मत वहम पालने की कोशिश कर!**

विजय सिंह चौहान, 04/07/2022

99. ग़ज़ल

ज़िंदगी मस'अलों[1] में उलझी है, जैसे कोई पतंग तारों में;
ख़्वाहिशें हैं कि उड़ी जाती हैं, तितलियाँ ज्यूं उड़े बहारों में!

वो हमीं है जो बुज़ुर्गों की कभी, जीते जी क़द्र नहीं कर पाए,
वो भी हम है जो अक्स फिर उनका, ढूँढते रहते हैं सितारों में!

दौड़ में करीअर[2] की कल थे घुसे, हम भी रेवड़ की बकरियों की तरह,
आज शामिल हैं बस एम.एन.सीज़[3] का, डोला ढोते हुए कहारों में!

मुल्क में कमा, खा, उसी के ख़िलाफ़, रात दिन ज़हर जो उगलते हैं,
वो एलीटिस्ट्स[4] भी तो शामिल हैं, घर के अंदर छिपे ग़द्दारों में!

ये सियासत है वो बाज़ार जहां, कौड़ियों में बिकी शहादत, और,
जब भी ईमान आया बिकने को, लग गयी होड़ ख़रीदारों में!

आड़ लेकर ख़ुदा की ख़िदमत की, एक शैतान के पुजारी ने,
याद रखिए कि दो मासूमों को[5], ज़िंदा चिनवाया था दीवारों में!

ज़ुल्म हो या कि जुर्म दोनों को, देखकर जब भी मैंने मुँह फेरा,
अब्र कैसे कहूँ खड़ा पाया, मैंने ख़ुद को भी गुनहगारों में!

----

1. समस्याओं; 2. *Career*; 3. *Multinational companies*; 4. सफ़ेदपोश, अभिजात्य-वर्गीय; 5. सिख गुरु गोविंद सिंहजी के पुत्र जिन्हे औरंगज़ेब ने इस्लाम क़बूल न करने पर ज़िंदा दीवार में चिनवा दिया था

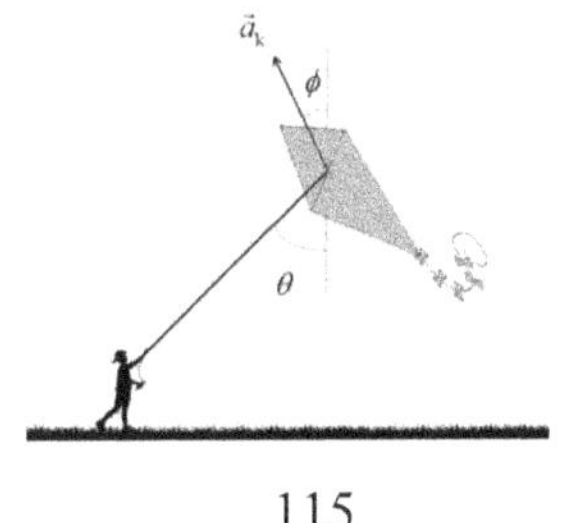

100. गीतिका: निन्यानबे का फेर

(On a lighter note, Hindi English fusion हास्य रस –
ग़ज़ल के नियमों से ज़रा हटकर)

आई फिर आफ़त बड़ी, निन्यानबे के फेर में!
सौवीं Poem लिखनी पड़ी, निन्यानबे के फेर में!

Millionaire बनने से सट्टेबाज़ एक step दूर था,
माई गॉड Zero हो गया, निन्यानबे के फेर में!

तीस पाए तिलक में, गहने उन्हत्तर लाख के,
Car मांगी सब गया, निन्यानबे के फेर में!

दूसरे रन पर player, Run out Ninety eight पर,
धरी रह गयी Century, निन्यानबे के फेर में!

हर Lucky number से, Derby में सिकंदर जो बना,
Broke हुआ इक Stroke में, निन्यानबे के फेर में!

कहलाते Centenarian, वो सेठ जी अपने अगर,
रहते ना Ninety nine तक, निन्यानबे के फेर में!

....

Based on the proverb *निन्यानबे का फेर, i. e. Unending greed.*

101. ग़ज़ल

उम्र भर एक से हालात की उम्मीद न रख!
उम्र भर तू किसी के साथ की उम्मीद न रख!

तोहफ़ा देते हैं फुहारों का, मेघ पर्बत को,
पर अवालांच[1] से बरसात की उम्मीद न रख!

पूंछ कुचले कोई, वो पलट के काटे भी नहीं,
साँप से ऐसे ख़यालात की उम्मीद न रख!

बिना रिश्वत किसी का काम न करने वाले
तू कभी प्यार की सौग़ात की उम्मीद न रख!

फल का नाता करम से है, सो बाँस बोकर तू,
ईख के रस के करामात की उम्मीद न रख!

राम की तरह हर इक हुक्म मान ले बेटा,
ऐसी कलियुग में किसी बात की उम्मीद न रख!

काम चँदा का है घर-घर में उजाला करना,
सिर्फ़ घर अपने चाँद रात की उम्मीद न रख!

----

1. बर्फ़बारी

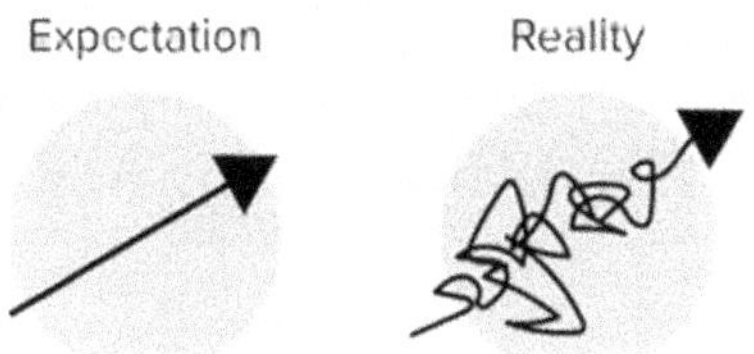

102. ग़ज़ल

सुख कभी साथ न छोड़ेगा, ग़लतफ़हमी है,
दुख कभी पीछा न छोड़ेगा, ग़लतफ़हमी है!

रिश्ता हर कोई जुड़ा है जो किसी स्वारथ से,
दिल न तेरा कभी तोड़ेगा, ग़लतफ़हमी है!

तेरी शोहरत को भी सलाम, उम्र भर को मगर
तेरे पीछे जहाँ दौड़ेगा, ग़लतफ़हमी है!

धोखा किसने नहीं खाया है, वक़्त पर लेकिन
हर कोई तुझसे मुँह मोड़ेगा, ग़लतफ़हमी है!

क़ौल तेरा है तू निभा न छोड़ सब रब पर,
टूटी हर चीज़ वो जोड़ेगा, ग़लतफ़हमी है!

हौसले **अब्र** हैं क़ायम तो इस समंदर में,
तुझको तूफ़ान डुबो देगा, ग़लतफ़हमी है!

....

103. ग़ज़ल

फ़ाहशाओं[1] की निगाहों पे भरोसा मत कर!
उनकी ख़ुदगर्ज़ अदाओं पे भरोसा मत कर!

नज़रें दहलीज पे घर की टिकीं जो सोच उनकी,
तू सड़कछाप इशारों पे भरोसा मत कर!

ख़बरें चौंकाए तो कर छानबीन भी उनकी,
उड़ती उड़ती हुई बातों पे भरोसा मत कर!

सफ़र पे रात को निकला है तो रख खुली आँखें,
तू फ़क़त चाँद सितारों पे भरोसा मत कर!

साल भर ठीक मगर, है चुनावी दौर अगर,
राजनेताओं के वादों पे भरोसा मत कर!

नाव मँझधार में रख तेज़ हवाएँ जो चलें,
कभी पथरीले किनारों पे भरोसा मत कर!

साथ दुल्हन को तू घोड़ी पे बिठा कैसी शरम,
नशे में धुत्त कहारों पे भरोसा मत कर!

....

1. दुश्चरित्र स्त्रियों, Coquettes

104. ग़ज़लनुमा - हम भारतीय

बाँटे गये या जब-जब भूलों से बँट गये हम!
इतिहास जानता है तब-तब ही मिट गये हम!

ऐश्वर्य, ज्ञान, शौर्य या मद में महानता के,
वर्गों में विभाजित कर ख़ुद ही को घट गये हम!

सत्ता की लालसा में या धन के लोभ में पड़,
अपने ही बंधुओं के दुश्मन भी बन गये हम!

उपलब्धियों पर अपने पुरखों की दम्भ भरते,
ख़ुद कितनी बार अपनी नज़रों में गिर गये हम!

परिवेश बदलने में कुछ हानि नहीं लेकिन,
संस्कृति की ही जड़ों से आख़िर क्यूँ कट गये हम!

सदियों से स्वाभिमान पर बलिदान दिए लेकिन,
चौपड़ पे राजनीति की मोहरे भी बन गये हम!

मुश्किल की हर घड़ी में दुनिया ने ये भी देखा,
मतभेद हर भुलाकर दुश्मन से भिड़ गये हम!

....

105. ग़ज़ल

कह दिया खीझ के कुछ मैंने, कह दिया होगा
सोच ये भी ज़रा, तूने भी कुछ किया होगा

पूछ मत चिड़चिड़ा क्यूँ है ईमानदार अफ़सर
तंग घर वाली के, तानों से आ गया होगा

आज के राज़ खुले, तो है क्यूँ परेशाँ तू
छोड़, सबने तेरे कल का भी सच सुना होगा

गर कोई गुफ़्तगू करना ही न चाहे तुझसे,
सोच उसको बुरा किस बात का लगा होगा

पैसा ज़्यादा है तो कर ख़र्च नेक कामों में
जेब के साथ ही जी भी ज़रा हल्का होगा

तानी पिस्तौल तो डाकू ने मगर लूटा नहीं
हाय के डर से वो शायद सहम गया होगा

Raid से ठीक पहले जिसके घर डकैती पड़ी
उसके दिल को मियाँ, कितना सुकूँ मिला होगा

हर अदालत पे अदालत है, फिर अदालत है
क्या खबर किसके हक़ में **अब्र** फ़ैसला होगा

....

106. ग़ज़ल

फिर से बीमार ये ज़मीर मेरा, कोसने मुझको लगा है शायद!
मुफ़लिसी तेरी चुभन का मुझको, दर्द फिर होने लगा है शायद!

न हुई कद्र जब लियाक़त की, मुल्क ही छोड़ दिया तब उसने,
कोई परवाना अँधेरे से निकल, लैम्प की ओर गया है शायद!

न तो आने की दी ख़बर तूने, न ठहरने का पता लिख भेजा,
पर फ़िज़ाओं की महक कहती है, तू कहीं पास रुका है शायद!

मुझको हूरें भी कई जन्नत भी, और औलाद को फ़क़त लानत,
अस्लाह-बारूद कमर में बाँधे, फ़िदायिन[1] सोच रहा है शायद!

बाप ने जान दी थी सरहद पे, आज बेटे ने भी खाई गोली,
पीढ़ी दर-पीढ़ी ग़म यतीमी का, इनको विरसे में मिला है शायद!

नेकबंदों की बदनसीबी पर, जब नज़र पड़ती है मैं सोचता हूँ,
इनसे तक़दीर लिखने वाले का, सात जन्मों का गिला है शायद!

....
1.   आत्मघाती आतंँकवादी

107. ग़ज़ल

राह उजली लग रही, पर दूर है मंज़िल बहुत!
ऊँचे ओहदों पर हैं अब भी, लालची जाहिल बहुत!

है अलावा जंग के भी, फ़तेह के मैदाँ कई,
ये बात दीगर दोस्तों, इस सच से हैं ग़ाफ़िल बहुत!

आपकी क़ाबिलियत पर, उंगलियाँ उठने लगे
जब बेवजह, तो समझ लीजे आप हैं क़ाबिल बहुत!

है रक़ाबत पर कोई, तो मुख़ालिफ़ कोई हुआ,
यानि शोहरत आपने, कर ली मियाँ हासिल बहुत!

हर सियासी क़त्ल की, साज़िश का इतना सा है सच,
है छुरा इक हाथ में, पर लोग हैं शामिल बहुत!

लील जाता है समंदर, कितने लंगर हर बरस,
कश्तियों को पर लुभाता है सदा, साहिल बहुत!

108. ग़ज़ल

कोई भाता नहीं है और अब खलता नहीं कोई!
मेरी आँखों में अब सपना नया पलता नहीं कोई!

पड़ोसी भी सब अपने थे कभी घर में किराये के,
हूँ अब बँगले में पर आकर यहाँ मिलता नहीं कोई!

शिकारी आए थे राहत दिलाई तेंदुओं से, पर,
हिरण का झुंड भी अब घूमता दिखता नहीं कोई!

जगह ऐसी जहां ना मेघ हो ना नदी ना पर्बत,
परिंदा भी हवाओं में वहाँ उड़ता नहीं कोई!

पिरामिड की लिपि सँकेत तारों का समझ लेंगे,
मगर आँखों की भाषा आज पढ़ सकता नहीं कोई!

मैं जब छोटा था सबसे डाँट खाता लड़ भी लेता था,
मेरा क़द बढ़ गया अब डाँटता भिड़ता नहीं कोई!

लिबास उघड़ा किसी का देख हमें कल शर्म आती थी,
अब अपने कपड़े ख़ुद ही फाड़ तन ढँकता नहीं कोई!

हमारा मुल्क भी प्यारी सी कोई शख़्सियत ही है,
निछावर जाँ किसी पर वरना यूँ करता नहीं कोई!

109. ग़ज़ल

धोखे ही रहनुमाओं से बस खाते रहे हम!
निकले जहां से थे वहीं लौट आते रहे हम!

नख़लीस्तान[1] मानकर हर इक सराब को,
सदियों तक अपने आपको बहलाते रहे हम!

अपनों से ख़फ़ा होकर दो शेर क्या पढ़े,
ग़ैरों की महफ़िलों को बहुत भाते रहे हम!

रंजिश थी अपने भाई से लेने को इंतक़ाम,
दुश्मन को घर का रास्ता दिखलाते रहे हम!

आज़ादी को ख़ुद की लड़े तो खाई गोलियाँ,
औरों के लिए लड़कर तमग़ो[2] पाते रहे हम,

पुरखों के शौर्य का किया सम्मान और बखान,
त्याग आज की सेना का भूल जाते रहे हम!

बढ़ता है पाप जब-जब लेता है वो जनम,
कहकर ये गीताज्ञान को झुठलाते रहे हम!

दुश्मन को माफ़ कर दो सीने से लगा लो,
इन छल भरी घातों से मात खाते रहे हम!

....
1. Oasis मरूद्यान, 2. Medal पदक

110. ग़ज़ल

किस्सा है इक ख़ता का, अपनी भी कहानी में,
हमने भी खत किसी को, लिक्खा था जवानी में!

इल्ज़ाम किसी पर मढ़, जाँ मेरी बची थी पर,
थोड़ा सा मरा था मैं, उस ग़लतबयानी में!

सबके सभी ख़्वाबों को, ताबीर कब मिली है,
झुलसे कई तपिश से, कुछ बह गये पानी में!

कैसे कहें ग़लत थे, वो फ़ैसले लिए जो
जज़्बात की रौ में या, तबीयत की रवानी में!

नाज़ुक कली जो कल तक, थी शान चमन की अब,
तिलहन सी पिस रही है, हालात की घानी में!

बाहर हैं कुछ लकीरें, और सिलवटें भी लेकिन,
अंदर लिखा है जाने, क्या किसकी पेशानी में!

सँतों ने कहा दुनिया, ना तेरी ना पराई,
और मैं कि रहा उलझा, बस अपनी बेगानी मे!

तस्वीरें हों बड़ों की, या किताबें बच्चों की,
बरसों का इक सफ़र है, हर चीज़ पुरानी में!

यादों में **अब्र** तेरी, ज़िंदा है वो बहुत है,
क्यूं उसका अक्स ढूँढे, तू उसकी निशानी में!

....

111. ग़ैर मुरद्दफ़ ग़ज़ल

शौक़ ज़िंदा हैं ख़्वाहिशें ज़िंदा,
ज़िंदगी मुझमें अभी है ज़िंदा!

तेरा किरदार[1] पर जो दाग़ नहीं,
मैले कपड़ों पे क्यूँ है शर्मिंदा!

बदनसीबी की काली रातों में,
तारा उम्मीद का रख ताबिंदा[2]!

सब मुसाफ़िर हैं इस सराये[3] में,
बन सका कौन यहाँ बाशिंदा[4]!

मत वहम पाल इस रईसी पर,
ना तू मालिक न कोई कारिंदा[5]!

नग़्मे गाती हैं साँसें रब के लिखे,
अब्र तू तो है फ़क़त साज़िंदा[6]!

----

1. चरित्र Character; 2. चमकता हुआ Shining; 3. सराय=धर्मशाला Hostel or Choultry; 4. निवासी Resident; 5. कर्मचारी Employee; 6. वाद्य यंत्र बजाने वाला Instrumentalist of an Orchestra

----

112. ग़ैर मुरद्दफ़ ग़ज़ल

सोच से बरतरी[1] की बाहर आ,
गुर ज़रा बेहतरी के सीख सिखा!

मज़हबी आइने के पार कभी,
आइना-ए-ज़मीर ख़ुद को दिखा!

खाद पानी हवा न माँगे ये,
फूल आसूदगी[2] के दिल में खिला!

ज़ेहन के पेड़ में यादों के हैं फल,
इसकी शाखें ज़रा हौले से हिला!

बेख़ुदी में ही ख़ुदा मिलता है,
अपने सीने में तू अलख तो जगा!

प्यार दोनों में था ये काफ़ी है,
कौन कब किसका हमेशा को हुआ!

राहें ख़ुद बनानी हैं चलना है,
किसको हाथों की लकीरों ने दिया!

मान से सर जहाँ न झुक पाए,
उस जगह **अब्र** तू गर्दन न झुका!

....
1.अहँकार, 2. सँतुष्टि

113. ग़ज़ल

कभी भी साफ़ पानी में कमल ज्यों खिल नहीं सकता,
भले इँसान को सुख हर तरह का मिल नहीं सकता!

घड़ी शुभ देखकर कुछ दान कर दूँ, मैंने जब सोचा
कहा दिल ने अभी कर ये महूरत टल नहीं सकता!

हज़ारों जूट के रेशों के जुड़ जाने की ताक़त है,
वो बल रस्सी का, जो जल कर भी यारों खुल नहीं सकता!

नदी बन, सींच खेतों को ज़रा, फिर देखता जा तू,
कि कैसे प्यास पर तेरी हिमालय गल नहीं सकता!

दफ़न मिट्टी के नीचे वो, कहा करता था अक्सर जो,
कोई पत्ता भी बिन मेरी इजाज़त हिल नहीं सकता!

ढला सूरज ब्रिटेन का किसलिए कुछ सौ ही सालों में,
मगर क्यूं ज्ञान का गौतम के सूरज ढल नहीं सकता?

अगर जज़्बा हो क़ायम कोई लँगड़ा[1] नाप ले एवरेस्ट,
कोई बैसाखियाँ लेकर क़दम दो चल नहीं सकता!

न जाने **अब्र** हिल-मिलकर नहीं रह पाए क्यूँ सबसे,
ये अब मत पूछिए पानी में घी क्यूँ घुल नहीं सकता?

....

1.   *Leg amputee Tom Whittaker in May 1998*

114. ग़ज़ल

यादें कभी तो सैंकड़ों हिस्सों में बँट गयी;
या फिर तेरी मुस्कान मे आकर सिमट गयी!

सदियों की तरह लगते थे पल इँतज़ार में,
तुम आन मिले ज़िंदगी पल भर में कट गयी!

कितने ज़रूरी कामों को निबटाना था बाकी,
पर उससे पहले उम्र ही याराँ निबट गयी!

घर पसँदीदा चीज़ों से जब पूरा भर गया,
मेरी निगाह में अहमियत उन सबकी घट गयी!

हर चाल सोच-सोच के चलने ही में अक्सर,
हिम्मत से जुड़े खेल की बाज़ी पलट गयी!

ईनाम था नेमत, कि दुआएँ थी ये साँसें,
कुछ ख़र्च हुई कुछ यूँ ही रस्ते में लुट गयी!

किसने हमें पैदा किया इस पर छिड़ी बहस,
फिर बात बढ़ चली, ज़मीं लाशों से पट गयी!

....

115. ग़ैर मुरद्दफ़ ग़ज़ल

कैसा लगता हूँ मैं तुझसे कोई पूछे जो अगर,
आइना बनके बता जैसा जो आता है नज़र.

तेरे लहजे में सदाक़त है तो किस बात का डर.
भला लगा कि किसी को बुरा ये कैसी फ़िकर.

तुझको मँज़िल ही जो पानी है क़ामयाबी की,
झूठी तारीफ़ के पुलों से ज़रा बच के गुज़र,

बड़ों के बाँये चलाचल बढ़ेगा मोल तेरा,
हर किसी गिनती में हरदम यही कहता है सिफ़र.

पाँव ज़ख़्मी हुए क्यूँकर ये पूछ आँखों से,
राह में बिखरे हुए पत्थरों पे यूँ न बिफ़र.

वक़्त ख़्वाबों की तेरे ख़ुद गढ़ेगा ताबीरें,
हौसला या ज़मीर जो कहे तू वैसा कर.

ज़ेहनियत बदली तो क्यूँकर तू पशेमान है **अब्र**,
बदले माहौल का किसपे नहीं होता है असर.

----

116. ग़ैर मुरद्दफ़ ग़ज़ल

ख़ुद जल के येउजला करे हम लोगों घर-बार
मज़हब कहाँ होता है सूरज का मेरे यार

कस्तूरी हिरण की तरह मत मारा मारा फिर
अंदर वही बाहर वही और वो ही है उस पार

शाख़ों में गुलाबों की हिफ़ाज़त को वो बैठा
बनकर के पासबान[1], तू समझे है जिसे ख़ार[2]

अपनी ही शाख़ें कटने पे जो पेड़ चुप रहा
चिड़ियों के फूटे अँडों पे रोया था ज़ार-ज़ार

जब भी निगाहे-बद[3] पड़ी पाकीज़ा हुस्न[4] पर
तहज़ीब पे हमारी ख़ुदा ख़ुद था शर्मसार

शुक्राना तो कुदरत का अदा कर कभी-कभी
रब के वजूद को भले तू मान या नकार

जब तू शरीक हो न सका औरों के ग़म में,
तो **अब्र** क्यूँ मिलेगा तुझे कोई ग़मगुसार[5]

....

1. पहरेदार; 2. काँटा; 3. बुरी निगाह; 4. पवित्र सौन्दर्य;
5. दुख में ढाढस देने वाला